El amor propio está en los astros

CARLA ORANTES
@geminisunchild

El amor propio está en los astros

Una guía cósmica para aprender a quererte y a querer

BRUGUERA

Primera edición: mayo de 2024

© 2024, Carla Orantes
© 2024, Penguin Random House Grupo Editorial, S. A. U.
Travessera de Gràcia, 47-49. 08021 Barcelona
Imágenes de interior: iStock

Printed in Spain – Impreso en España

ISBN: 978-84-02-42920-9
Depósito legal: B-5.886-2024

Compuesto en Comptex & Ass., S.L.
Impreso en Limpergraf S. L.
Barberà del Vallès (Barcelona)

BG 29209

Para mi hijo, Roc

ÍNDICE

PRÓLOGO

Querida lectora, me gustaría hacerte una pregunta sencilla y directa:

¿Te quieres?

Sí, lo has leído bien. ¿Te quieres?

Pero ¿de verdad?

Date unos minutos para pensar y responder con sinceridad.

Hará unos diez años me di cuenta de que no me quería, y esa revelación inició el viaje más intenso, oscuro y, al mismo tiempo, bonito que he vivido nunca. Estaba en plena adolescencia y tenía muchísima inquietud para entenderme. No te mentiré: siempre fui una niña muy reflexiva y profunda, pero en la adolescencia eso se intensificó. Recuerdo que en esos años buscaba el amor y afecto fuera, intentaba gustar todo el rato y, aunque no me creía los halagos, cuando los recibía me hacían sentir feliz. Pero la realidad es que luego volvía a casa y conectaba con una enorme sensación de vacío; hiciera lo que hiciera nunca era suficiente. Recuerdo buscar en librerías e internet información o consejos que me ayudaran a entenderme y a quererme. Sin embargo, nunca era suficiente, y la bola en mi interior se hacía cada vez más grande. Inconscientemente empecé a hacer lo que se esperaba de mí porque me generaba tranquilidad y seguridad, aunque eso significara no ser yo.

Durante años busqué la respuesta a mis problemas fuera de mí misma: en las relaciones, en el trabajo, en cosas materiales. Pero, a pesar de lo mucho que me esforzaba, no daba con nada que me ayudase de verdad. Según mis seres queridos, era una chica lista, sensible, simpática, guapa, divertida, querida. ¿Por qué yo no me veía así?

Fue solo cuando entendí que el único amor verdaderamente importante en esta vida es el propio y que este es esencial para cultivar las relaciones con los demás cuando las cosas comenzaron a cambiar. Y en ese proceso tengo mucho que agradecer a la **astrología terapéutica**.

La astrología terapéutica me permitió comprender mejor mis fortalezas y debilidades, y me ayudó a entender cómo mi forma de ser y actuar influía en mi relación conmigo misma y los demás, y en mi vida en general. Me enseñó a **aceptar mis defectos, valorar mis virtudes y trabajar en aquellos aspectos de mi personalidad que quería mejorar o reforzar.**

Y te preguntarás: ¿qué es la astrología terapéutica?

La astrología estudia las posiciones planetarias y cómo estas y las energías que se derivan de ellas nos influyen. Si le añadimos al término la coletilla «terapéutica», nos referiremos al estudio de la manera en que toda esta energía nos afecta y nos ayuda a comprender nuestra carta natal desde una perspectiva sanadora.

Este libro es **el resultado de muchos años de aprendizaje, de llantos, de terapias, de autoexigencia y de autodestrucción**. Nunca imaginé que podría llegar a escribir una obra, pero sí recuerdo decir en un momento de mi vida: «Si algún día escribo un libro, me gustaría que fuese sobre el amor, hacia una misma y hacia los demás».

Con él espero ayudar a aquellas personas que, como yo, luchan para mejorar su autoestima. En estas páginas encontrarás **consejos prácticos y herramientas útiles basadas en la astrología terapéutica** que te permitirán conocer mejor tu personalidad y trabajar en tu amor propio para cultivar la relación que tienes contigo misma y con los demás de manera sana y nutritiva. ¡Y, si no sabes nada de astrología, tranquila! No necesitas tener conocimientos previos y, además, te iré guiando en todo el proceso.

Espero que este libro te ayude tanto como a mí me ha ayudado todo el aprendizaje que he adquirido a lo largo de estos años en mi camino hacia la plenitud y, sobre todo, que te ayude a **quererte y querer mejor a los demás**.

1

INTRODUCCIÓN
AL AMOR PROPIO

El día que me di cuenta de que no me quería

Antes de empezar a ahondar en la astrología terapéutica, **quiero contarte un poco más de mí** para que me conozcas mejor. En este libro me voy a sincerar contigo y voy a explicarte muchas vivencias que seguramente te suenen para poderte guiar en el camino.

Me llamo Carla y nací un viernes 2 de junio por la tarde, a las 17.19 del año 1995, en Barcelona. Salí muy pequeñita, pero, como siempre dice mi madre, llegué sin llorar y con los ojos bien abiertos, con ganas de verlo todo. Mis padres siempre me han remarcado mucho lo tranquila, buena y tragona que era. Dos años más tarde, un 29 de mayo, nació mi hermana Andrea para revolucionarnos a todos. Tres años más tarde tuve mi mejor regalo de cumpleaños: mi hermano Pol, que nació el 2 de junio, como yo. Efectivamente, **los tres somos géminis**. Y los tres recibimos la misma educación y nos criamos con los mismos padres, pero no podríamos ser más diferentes. Cuando pienso en ello me maravilla lo mágico que es esto y qué únicos y diferentes somos cada uno.

Era una niña muy risueña y recuerdo estar siempre en mi mundo, en las nubes. Desde pequeña y de forma muy natural **fui desarrollando el cuidado de los demás**: había una parte de mí a la que le encantaba cuidar a sus hermanos pequeños, ayudar a mamá a cambiarles el pañal o darles el biberón. Asimismo, sentía la etiqueta de «hermana mayor».

Si tú también lo eres, seguro que sabes a qué me refiero con «abrir caminos». Ser la hermana mayor inconscientemente implica tener que madurar antes, porque, da igual los años que tengas, hay alguien más pequeño que tú. Y ya sea dicho por tus padres o no, es como si de golpe sintieras que hay alguien más indefenso que tú del que siempre vas a tener que cuidar o al que tendrás que vigilar o proteger.

Recuerdo todas las veces en que me adapté a lo que mi hermana quería para que no se enfadara. Por ejemplo, a ella le gustaba ir sentada en el asiento del medio del coche y, si no le tocaba, ¡menudo berrinche le entraba! ¿Y qué hacía yo? Pues cedía y dejaba que se sentase donde quería, porque yo era la mayor y, en mi cabeza, eso era lo que debía hacer. Recuerdo que me costaba mucho decir lo que sentía o pensaba, no sabía cómo gestionar mis enfados y me acostumbré a aguantar, tragar y callarme todo.

Al crecer, me di cuenta de que tenía tan interiorizado el «debo hacer», el «debo ser», que me costaba mucho priorizar mis necesidades a las de quienes me rodeaban. Un dato importante en todo esto es que mi luna natal está en Cáncer. **La luna tiene que ver con la seguridad emocional, y algunas de las cualidades atribuidas a quienes nacen bajo este signo están relacionadas con el cuidado y la protección.** Por lo general, las personas que tienen luna natal en Cáncer suelen desarrollar un vínculo muy estrecho con la figura materna; incluso en algunas ocasiones sienten que su madre sabe lo que necesita sin necesidad de expresarlo. Por supuesto, no pasa nada si no sabías esto, más tarde te explicaré por qué nuestra luna natal es clave para nuestro desarrollo personal.

Esto explica en buena parte por qué para mí era tan natural priorizar las necesidades de los demás, y más si eran de mi familia, que las mías propias. **La Luna también nos habla del vínculo con nuestra madre**, y es por eso por lo que es la única persona que sabe lo que me pasa sin que tenga que decírselo: siempre será mi bruja y mi protectora, además de mi escorpio favorita. A través de un proceso de terapia psicológica que inicié a los veinte años, entendí que me costaba comunicar lo que sentía porque no consideraba que «mis problemas» fueran «lo suficientemente importantes» y porque me había acostumbrado a que mi madre supiera qué me pasaba sin la necesidad de expresarlo.

Siempre fui una niña muy sensible. Recuerdo como si fuera ayer que, cuando en el colegio o en las noticias hablaban sobre el cambio climático, me echaba a llorar, sobrecogida por el miedo a lo que podría pasar y, sobre todo, por lo que podría ocurrirle a mi familia.

Aun teniendo una infancia donde sentí muy cerca el amor de mis seres queridos, recuerdo que no me sentía nada especial. Cuando la gente decía: «Ay, qué guapa/bonita/buena es Carla», experimentaba una sensación de rechazo que me resultaba extraña. En ese momento se generaba en mi cabeza un mensaje automático: «No es verdad, mienten, lo dicen por quedar bien».

Otro dato de mi vida que me gustaría destacar es que desde pequeña siempre he sido muy comilona. Mi madre siempre cuenta que era entrar en una panadería y se me iluminaba la mirada. Es más, me ponía nerviosa porque no sabía qué escoger de entre todas las opciones que había. Por ello, y porque disfrutaba TANTO de esos placeres, mi madre empezó a poner unos límites que yo no era capaz de establecer. De esta manera, desde mi infancia, he tenido muy presente mi cuerpo debido a frases que me han acompañado toda la vida, como «no puedes comer tanto», «tienes que adelgazar», «no tienes fondo», etcétera.

En plena adolescencia nos mudamos de Barcelona a Shanghái por el trabajo de mi padre. Ya te puedes imaginar la reacción de una niña de catorce años cuando le dicen que tiene que dejar atrás toda su vida, sus amistades, sus rutinas, para irse a una ciudad totalmente diferente en la otra punta del mundo. Exacto: no fue precisamente buena. No dirigí la palabra a mis padres durante toda una semana. Poco sabía la Carla adolescente que aquella experiencia sería una de las mejores de mi vida.

Vivimos allí durante tres años, desde que tenía quince hasta que alcancé la mayoría de edad. Los primeros meses fueron un proceso de adaptación: tuve que aprender inglés en el colegio, conocí a mucha gente nueva, tuve algún que otro romance juvenil… Sin embargo, a pesar del esfuerzo, viví una adolescencia muy activa, social y llena de felicidad, aunque seguía arrastrando algunas cosas que me acompañaban desde la infancia.

A los dieciséis años viví mi primera historia de amor: un romance de película. Todo era maravilloso para mi yo adolescente, pero lo cierto es que empecé a dejar de lado a mis amigas y a centrarme más en mi pareja. Este es un rol que siempre he tenido en el plano relacional y que me ha costado mucho esfuerzo trabajar. Desde que tengo uso de razón, **la dependencia emocional ha estado presente en la manera de relacionarme con los demás.**

Pocos meses después de comenzar la relación, mi pareja tuvo que irse de China y regresar a Estados Unidos, de donde era originariamente, y, cómo no, siendo jóvenes, decidimos seguir nuestro noviazgo a distancia. Poco a poco empecé a quedarme más en casa, porque mis tardes eran sus mañanas, y dejé de salir con mis amigas por sus celos. Aquello me llevó de manera paulatina a empezar a centrarme cada vez más en mí, a mirar hacia dentro.

No sorprenderá a nadie, pero al poco tiempo cortamos la relación. Sin embargo, aunque sentí cierta liberación, permanecí «encerrada». **Nunca había tenido una relación sana con mi cuerpo y mi desconexión con él se acrecentó durante esa etapa:** empecé a hacer deporte de manera intensa, a «cuidar» mi alimentación a tal nivel que, con el ejercicio que hacía, pasaba hambre, y todo eso desencadenó en atracones que automáticamente me hacían sentir culpable y en purgas. Hasta que un día por la tarde mi hermana me descubrió después de pegarme un atracón, y ahí conecté con la sensación de culpa. **Me había fallado a mí misma y a mis seres queridos.**

Por primera vez comprendí que no era verdaderamente feliz y que estaba muy lejos de quererme.

Durante todo ese tiempo (dos años) fui consciente de que lo que hacía no era sano e intenté valerme por mí misma y cuidarme, pero hasta que no me miré de frente y comprendí lo infeliz que era no decidí pedir ayuda. Fue entonces cuando por fin inicié mi tratamiento contra mi diagnosticada bulimia nerviosa.

Siempre he sido una persona muy transparente y he hablado mucho sobre mi experiencia con este trastorno de la alimentación, ya que ha dado forma a la persona que soy hoy y, aunque tal vez te parezca raro leerlo, tengo mucho que agradecerle a ese periodo oscuro. Gracias a la bulimia pude volver a conectar con mi cuerpo y a disfrutar. Hice algunos años de tratamiento y terapias que me ayudaron mucho a entenderme y a cuidarme y, aunque mejoré, el proceso abrió toda una serie de interrogantes que obstaculizaban mi acceso a la verdadera felicidad. Algunas de las preguntas que me hice durante ese tiempo fueron:

- ¿Por qué soy tan sensible?
- ¿Por qué soy tan sobreprotectora?
- ¿Por qué priorizo siempre a los demás antes que a mí?
- ¿Por qué me cuesta tanto tener una buena relación conmigo misma?
- ¿Por qué me cuesta tanto quererme?
- ¿Por qué busco tanto la aprobación de los demás?
- ¿Por qué necesito tanto que me quieran?

No te voy a mentir: fueron unos años verdaderamente difíciles, pero, gracias a la perspectiva que aporta el tiempo, ahora veo claro que **todo el amor que buscaba afuera, en los demás, era el que me faltaba dentro, en mi interior.**

Tenía un trabajo que me llenaba de plenitud, tenía una pareja que me quería, tenía el amor de mi familia y amigos… Pero, aun así, seguía sintiendo un vacío que siempre había estado presente y que nunca había conseguido tapar. Y entonces surgió la serendipia: en aquel momento, sumergida en un mar de dudas, una amiga me pasó el contacto de una astróloga. Hacía tiempo que había oído hablar sobre la carta natal, pero nunca había sentido esa «llamada». Había leído algún que otro libro y seguía alguna cuenta de Instagram (y sí, lo reconozco, también leía el horóscopo de la *Cuore* para saber si el chico que me gustaba me hablaría).

Pero entonces, un día algo dentro de mí hizo clic: la intuición, la curiosidad, me llevó a agendar una cita casi sin pensar con la astróloga de la que me había hablado mi amiga para hacer, por primera vez, la interpretación de mi carta natal. Daño no iba a hacerme, ¿verdad? Como mucho, tiraría algo de dinero.

Poco sabía en ese momento el impacto trascendental que iba a tener en mi vida esa decisión: todo cambió.

Ese primer acercamiento a los astros me llevó a conectar con la astrología terapéutica e iniciar un camino que me permitió **aprender a quererme más y mejor para así también querer más y mejor a los demás**. El camino del amor propio y las relaciones sanas es un camino que recorremos de por vida y en el que cada día hay nuevas oportunidades de aprendizaje y desarrollo.

En este libro compartiré contigo todas las herramientas clave que he recopilado, desarrollado y utilizado a lo largo de los años. Recursos que te ayudarán a conocerte y trabajar en profundidad tu amor propio y tus relaciones personales desde una perspectiva amable y sanadora, y compartiré mis propias vivencias y cómo fui poco a poco aprendiendo a querer(me).

Porque sí, es posible aprender a quererse mejor a una misma y a querer a los demás gracias a la astrología.

Pero, por supuesto, todo esto son herramientas. **Así que, si sientes que necesitas más ayuda y que no puedes gestionar tú sola tu malestar, te recomiendo encarecidamente que consultes a un profesional de la salud.**

Antes de pasar a la siguiente página, quiero darte un espacio para hacer balance y autorreflexión. Tómate el tiempo que necesites para responder a las siguientes preguntas. Hacerlo te ayudará a saber en qué parte del camino de sanación que quieres emprender te encuentras:

- ¿Quién eres?
- ¿Qué te da paz o calma?
- ¿Qué te da miedo?
- ¿Qué es lo que más te gusta de ti?

Responde estas preguntas a tu ritmo y a tu tiempo, y sé honesta contigo misma. **Y recuerda: no estás sola, yo estoy aquí para guiarte en todo el proceso. Empecemos juntas.**

¿Qué son realmente la autoestima y el amor propio?

Deja que te cuente otra pequeña historia.

Cuando tenía diez años empecé a ir andando al colegio con algunos compañeros que vivían cerca. Tengo el recuerdo muy marcado de esos días, subiendo las escaleras para llegar al colegio y tocarme la barriga y medirla cada mañana deseando que no creciera más. Ya desde entonces me comparaba con mis amigas, no era consciente, pero ahí estaba siempre ese pensamiento que tanto daño me hizo: «¿Por qué yo soy tan grande y las demás tienen un cuerpo tan perfecto?».

Me sentía extremadamente insegura con mi apariencia, mis habilidades y mis logros, y poco a poco ese pensamiento de que no merecía ser amada ni aceptada por quienes me rodeaban fue ganando fuerza en mi interior y empezó a afectar profundamente a mi autoestima.

Ahora que estoy escribiendo esto, soy consciente de la importancia de trabajar el amor propio desde pequeños.

Me doy cuenta de lo mucho que sufre mi niña interior, esa niña insegura que todavía habita en mí y que sale a la superficie con el malestar.

A medida que pasaban los años, me esforzaba cada vez más por encajar en los estándares de belleza que la sociedad me imponía. Viví la brutalidad de la autoexigencia y muchos pensamientos negativos hacia mí misma; mi voz interior era tan destructiva que nunca dejaba espacio para lo bueno. Eso me llevó a rechazar cualquier tipo de reconocimiento y elogio, solo me enfocaba en mis errores y fracasos. Sentía muchísima rabia y no tenía herramientas ni conocimientos suficientes para enfrentarme a ella.

Mucha gente cree que tener una buena autoestima es sinónimo de quererse, pero es mucho más que eso: es priorizarse, dar importancia a tus necesidades y poder aceptarte en tu totalidad, con aquellas cosas que te gustan y las que no te gustan tanto.

Pasaron muchos años hasta que acepté que esa forma de verme y pensar me estaba consumiendo. Recién entrada en mi veintena, me ocurrió algo que me hizo abrir los ojos y darme cuenta de que me encontraba atrapada en un ciclo de tristeza, desesperanza e impotencia. Estaba con unas amigas cuando una de ellas nos explicó que había conseguido alcanzar un gran éxito en su vida personal. En ese mismo momento conecté con la envidia, en vez de alegrarme de corazón por ella, ya que en el fondo sabía que era algo que deseaba muchísimo. En ese preciso instante me di cuenta de que algo iba mal dentro de mí. Decidí embarcarme en un viaje de autoexploración y crecimiento personal para descubrir el verdadero amor por mí misma.

Llegó un momento en que ya no me valía compararme, ni decirme que yo no podía o que yo no era suficiente, y pasé a cuestionar a esas voces internas negativas que me habían estado dominando toda mi vida. Tengo que agradecer que tuve a una terapeuta que me ayudó a reflexionar sobre el origen de esas creencias limitantes y que me hizo entender que muchas de ellas nacían de experiencias pasadas y de esa constante comparación con los demás. De la misma forma, me ayudó a comprender que era una persona con una sensibilidad especial que le daba una importancia excesiva a la opinión de los demás.

En el camino hacia una vida plena y satisfactoria, existe un dúo imparable que debemos abrazar: la autoestima y el amor propio. Querida lectora: permíteme guiarte en este viaje transformador, donde aprenderás a nutrir tu esencia y despertar el poder que reside en ti.

La autoestima y el amor propio son **conceptos fundamentales para nuestro bienestar emocional y mental**. Los dos se constituyen como piezas clave en el camino hacia una vida plena y satisfactoria, algo que, si estás leyendo estas líneas, estoy segura de que tú también anhelas.

La **autoestima** representa la valoración y percepción que tenemos de nosotras mismas. Se trata de cómo nos evaluamos subjetivamente, reconociendo nuestra valía, nuestras habilidades y nuestro merecimiento. En ella reside la clave para construir una vida llena de confianza y respeto hacia nosotras mismas. Imagina qué maravilloso sería tener una autoestima enaltecida, capaz de abrazar con fuerza nuestras cualidades, creer en nuestras capacidades y brillar con seguridad.

Por otro lado, el **amor propio** es un abrazo cálido y amoroso hacia nosotras mismas, esencial para desarrollar una relación sana y positiva con la persona increíble que habita en nuestro ser. Implica cuidar nuestras necesidades y nuestro bienestar emocional, establecer límites adecuados en nuestras relaciones y tratarnos con delicadeza y compasión. De su mano descubrimos nuestras fortalezas, celebramos nuestros logros y aceptamos nuestras debilidades sin juzgarnos de manera negativa. Somos conscientes de que nuestra singularidad, con todas sus imperfecciones, nos hace ser quienes somos.

El amor propio implica reconocer nuestras cualidades, fortalezas y logros, así como aceptar nuestras debilidades y limitaciones sin juzgarnos de manera negativa. Del mismo modo, es importante ser conscientes de que también gracias a ellas somos quienes somos: únicas.

En resumen, **el amor propio se centra en la relación y actitud que tenemos hacia nosotras mismas**, mientras que **la autoestima se refiere a la valoración y percepción subjeti-**

va que tenemos de nuestra valía personal. El amor propio es un componente fundamental para desarrollar una autoestima saludable, ya que nos brinda la base emocional y el cuidado necesario para construir una valoración positiva de nosotras mismas.

Aunque mi proceso de terapia psicológica fue sumamente útil en un primer momento, cuando necesité profundizar en mis heridas, fue la astrología la que me guio en el camino de aceptarme y comprenderme y la que me brindó las herramientas necesarias para hacerlo.

En estas páginas te facilitaré herramientas personalizadas y te explicaré con detalle qué es lo que necesitas tú para cultivar tu amor propio y conseguir una buena autoestima. Cada signo, luna y ascendente tienen sus propias necesidades.

¿Cuánto te quieres a ti misma?

Mi principal objetivo con este libro es que seas capaz de conectar contigo misma, que aprendas a quererte de verdad y a priorizarte, pero también que puedas relacionarte con los demás de manera sana, sin olvidarte de ti misma en el camino. Para seguir trabajando en tu futuro, primero me gustaría que nos centrásemos en el presente, en el ahora.

EJERCICIO

El siguiente test recoge ocho preguntas que te permitirán saber en qué momento de tu relación contigo misma te encuentras. Porque, para sanar las relaciones con quienes nos rodean, primero debemos empezar por nosotras mismas.

Aprovecha esta ocasión para regalarte un momento para ti: enciende una vela, pon música que te relaje o te resulte placentera, prepárate tu bebida favorita y responde a las siguientes preguntas con la mayor sinceridad posible.

1. ¿Cómo te sientes acerca de ti misma en general?
   a. Me siento positiva y satisfecha con quien soy.
   b. A veces me siento bien, pero en ocasiones me critico demasiado.
   c. Tiendo a tener una opinión negativa de mí misma la mayor parte del tiempo.

2. ¿Cómo manejas los errores o fracasos en tu vida?
   a. Los veo como oportunidades de aprendizaje y crecimiento.
   b. Me afectan emocionalmente, pero trato de aprender de ellos.
   c. Me siento abrumada y tiendo a culparme cuando cometo errores.

3. ¿Cuál es tu nivel de confianza al enfrentar nuevos desafíos?
   a. Me siento segura y creo en mis habilidades para superarlos.
   b. A veces me siento dudosa, pero trato de superar mis miedos.
   c. Me siento insegura y tiendo a evitar situaciones desafiantes.

4. ¿Cómo te comparas con los demás?
   a. No suelo compararme con los demás, me enfoco en mi propio crecimiento.
   b. A veces me comparo, pero trato de recordar que cada persona es única.

c. Me comparo constantemente y me siento inferior a los demás.

5. ¿Qué atenciones te dedicas en términos de autocuidado y bienestar?

a. Priorizo mi bienestar físico, emocional y mental regularmente.

b. A veces me olvido de cuidarme, pero intento hacerlo siempre que puedo.

c. Rara vez encuentro tiempo para cuidarme, me pongo en último lugar.

6. ¿Cómo reaccionas cuando recibes un cumplido?

a. Lo agradezco sinceramente y me siento valorada.

b. A veces me siento incómoda, pero trato de aceptarlo.

c. Tiendo a minimizar o rechazar los cumplidos que me hacen.

7. ¿Cuál es tu nivel de satisfacción con tus logros personales?

a. Me siento orgullosa de mis logros y reconozco mi valía.

b. A veces me siento satisfecha, pero a menudo deseo más.

c. Siento que mis logros no son lo suficientemente buenos.

8. ¿Cómo te sientes en tus relaciones interpersonales?

a. Me siento valorada y respetada en mis relaciones.

b. A veces me siento insegura, pero, en general, tengo relaciones positivas.

c. Suelo sentirme poco valiosa y tiendo a tener relaciones negativas.

Una vez tengas todas las respuestas, cuenta el número de respuestas de cada tipo y anota a continuación los resultados.

- Respuestas a: ....
- Respuestas b: ....
- Respuestas c: ....

Interpretación de los resultados

- Si la mayoría de tus respuestas son (a): tienes una buena autoestima y te valoras de manera saludable. ¡Aprovecha este libro para seguir cultivando ese amor propio y esa confianza en ti misma!
- Si la mayoría de tus respuestas son (b): tu autoestima puede fluctuar y en ocasiones puedes ser crítica contigo misma. Este libro te ayudará a reconectar con tu amor propio y trabajar en fortalecer tu confianza y autocompasión.
- Si la mayoría de tus respuestas son (c): puede que estés experimentando un momento de baja autoestima. Este libro te dará las herramientas para poder construir una imagen más positiva de ti misma y encontrar el apoyo en ti para mejorar tu bienestar emocional.

(Este test es solo una guía y no reemplaza la evaluación de un profesional de la salud mental. **Si sientes que tu autoestima está afectando significativamente a tu vida y bienestar, te recomiendo buscar el apoyo de un terapeuta o psicólogo).**

Ahora que has tenido la oportunidad de evaluar tu relación contigo misma, es momento de sumergirte en un apasionante viaje hacia tu interior. Exploraremos las luces que iluminan tu ser, aquellas cualidades que te hacen brillar y que son motivo de orgullo. Reconoce tus talentos, tus logros y tus fortalezas y permítete celebrarlos plenamente.

Pero también es vital que no temamos adentrarnos en nuestras sombras, en aquellos aspectos en los que sentimos que podemos mejorar o que a veces nos generan inseguridad. Estas «imperfecciones» son parte integral de nuestra humanidad y debemos aprender a aceptarlas y trabajar en ellas con compasión. Recuerda que somos seres en constante crecimiento y nuestras áreas de mejora no nos definen, sino que nos ofrecen oportunidades de evolución y aprendizaje.

Acepta la totalidad de la persona que eres y reconoce que todas tus facetas te hacen única y especial. La belleza reside en la complejidad y la autenticidad de nuestra existencia.

En el próximo capítulo te guiaré para que descubras estrategias y herramientas que te permitan potenciar tus cualidades y trabajar en aquellas áreas que deseas fortalecer. Estoy aquí para acompañarte en cada paso del camino y recordarte que eres capaz de enfrentar cualquier desafío que se presente. **¿Empezamos?**

2

ACEPTAR
TUS SOMBRAS

No hay luces sin sombras

Durante mi viaje hacia la autoaceptación y el amor propio, me topé con un desafío particular: entender los conceptos de luz y sombra, aspectos de nuestra personalidad que cada uno tenemos dentro de nosotras. La **luz** representa nuestras **cualidades positivas**, aquello que nos enorgullece que se vea de nosotras; la **sombra**, en cambio, alude a nuestros aspectos más oscuros, aquellos que preferimos esconder o negar, lo que comúnmente etiquetamos como «imperfecciones».

Ahí estaba yo, intentando trabajar mi amor propio y autoestima, negando una gran parte de mí que quería que quedara oculta: mis sombras.

Es sumamente interesante ver cómo las personas tendemos a normalizar la idea de ver lo bueno en nosotras mismas. Nos enfocamos en nuestras virtudes, en nuestras fortalezas, y nos esforzamos por resaltarlas y mostrarlas al mundo siempre que podemos. La sociedad nos obliga a buscar la aprobación y el reconocimiento en los demás, y nuestra vida acaba convirtiéndose en una búsqueda constante de encontrar esas cualidades positivas que nos hacen «destacar», que nos convierten en alguien «especial». No obstante, en este proceso de ensalzamiento de nuestras luces, a menudo dejamos las sombras en un segundo plano.

Nuestras sombras son las partes de nuestra personalidad que no nos resultan agradables o que nos generan un conflicto interno. Pueden ser nuestros miedos, inseguridades, celos, enfado o cualquier otra emoción que nos incomode. En lugar de enfrentar estas sombras y aceptarlas como una parte integral de quienes somos, solemos rechazarlas o intentar ocultarlas, incluso a nosotras mismas.

Sin embargo, esta negación de nuestras sombras tiene un impacto profundo en la relación que tenemos con nosotras mismas y en nuestra capacidad de amarnos verdaderamente. Al negar o esconder nuestras sombras, estamos negando una parte importante de nuestra esencia o personalidad.

Estamos reprimiendo aspectos que necesitan ser reconocidos, explorados y sanados para alcanzar una autenticidad plena.

Para que entiendas bien a qué me refiero, te pondré un ejemplo: hace ya algunos años yo misma viví una experiencia en la que mi sombra de impulsividad tomó un papel protagonista en mi vida. En ese momento decidí embarcarme en un desafío monumental: estudiar el máster de Enfermería Quirúrgica, trabajar intensamente en un hospital de lunes a viernes y trabajar otras doce horas sábados y domingos, además de irme a vivir con mi pareja.

Esta etapa fue trascendental a muchos niveles (en el próximo capítulo terminarás de descubrir por qué). Al principio todo parecía ir sobre ruedas. Sentía una inmensa emoción y determinación por conquistar todos mis objetivos. Estaba ansiosa por enfrentar los desafíos que se avecinaban y creía que podía manejarlo todo con facilidad. La impulsividad se había apoderado de mí y, en cierto modo, me sentía invencible, pese a estar atravesando un proceso terapéutico para tratar mi trastorno de alimentación.

Sin embargo, en medio de esa vorágine de responsabilidades y metas, comencé a notar un sentimiento persistente de insatisfacción. A medida que las semanas avanzaban, me di cuenta de que mi relación de pareja no me llenaba por completo y de que no estaba enamorada. A pesar de mis arriesgadas decisiones, me encontraba en una encrucijada que requería valentía para tomar otra acción drástica: romper esa relación y volver a casa de mis padres.

La impulsividad que tanto había influido en mis elecciones hasta ese momento fue la que me llevó a dar un paso valiente, sin pensarlo dos veces. Sentí una fuerza interior que me empujaba a buscar mi autenticidad y a no conformarme con una vida que no me satisfacía por completo. Aunque la ruptura fue dolorosa, me di cuenta de que había tomado una decisión necesaria para mi crecimiento personal.

En retrospectiva, puedo reconocer que mi impulsividad me ha llevado a tomar decisiones arriesgadas a lo largo de mi vida. A veces he cometido errores y he tenido que enfrentarme a las consecuencias de mis actos precipitados. Sin embargo, también he experimentado un crecimiento incalculable gracias a esa parte audaz de mí misma.

La impulsividad me ha enseñado a confiar en mi intuición, a no tener miedo de tomar riesgos y a aprender de las experiencias, tanto positivas como negativas. A través de estas decisiones arriesgadas he encontrado mi camino, he descubierto qué es lo que realmente me hace feliz y he aprendido a escuchar mi voz interior.

Aunque la impulsividad puede tener sus sombras, he aprendido que no todas las decisiones impulsivas son negativas, siempre y cuando seamos conscientes de sus implicaciones y estemos dispuestos a asumir la responsabilidad de nuestras elecciones.

En el ámbito astrológico, esta dicotomía adquiere una dimensión fascinante, ya que podemos explorar cómo los astros influyen en nuestras luces y sombras para, así, moldear nuestra personalidad y adaptar nuestro comportamiento, además de potenciar aquellas facetas que nos aportan y entender que nuestras imperfecciones también nos brindan una oportunidad de desarrollo personal.

La astrología me ayudó muchísimo a entender que esa sensibilidad estaba dentro de mi esencia, de mi luz, y que debía aprender a abrazarla y a respetarla. Nuestra carta natal nos revela las energías y los aspectos planetarios que nos impulsan hacia la luz y hacia la sombra. A través de la comprensión de nuestras configuraciones astrológicas, podemos descubrir cómo este influjo cósmico afecta a nuestra autoimagen y a nuestra relación con nosotras mismas.

En otras palabras, **explorar la luz y la sombra astrológicas me invitó a mirarme con compasión y aceptación.** Y quiero compartir las herramientas que me ayudaron a abrazar todas las facetas de mi ser, incluidas aquellas que pueden resultar incómodas o desafiadoras.

Solo al integrar nuestras sombras en nuestra identidad completa podemos cultivar un amor propio auténtico y enriquecedor.

El arquetipo de la sombra

Más adelante te explicaré cuáles son las luces y sombras de cada signo y cómo trabajarlas. Pero antes quiero remarcar la importancia de conectar con nuestra sombra, ya que, como hemos visto, es un proceso importante y valioso para nuestro crecimiento personal.

La sombra, como sabemos, se refiere a las partes de nosotras mismas que hemos reprimido, negado o que no queremos afrontar. Estas partes pueden incluir desde emociones a deseos, miedos o rasgos de nuestra personalidad que consideramos inaceptables o inapropiados, como la rabia, la envidia, la vergüenza, la vulnerabilidad, la culpa... Conectar con esa parte que nos genera inseguridad o incluso malestar es un proceso fundamental de acuerdo con la psicología analítica de Carl Jung, según la cual esta sombra contiene aspectos reprimidos, instintos que nuestra mente consciente rechaza y oculta en lo más profundo de nuestro ser. **Las sombras, en síntesis, son todo aquello de lo que nos avergonzamos y que nuestra conciencia se niega a reconocer como propias.**

La sombra que habita dentro de todas nosotras empieza a tomar forma en la infancia a través de nuestras relaciones personales con nuestros adultos de referencia y de nuestras experiencias, aprendizajes y errores. Y no solo eso, pues se ve potenciada por la influencia de los astros.

En *Las relaciones entre el yo y el inconsciente,* Jung explicó que existen diferentes tipos de sombras y que enfrentarnos a ellas y ser conscientes es esencial para alcanzar el bienestar, la curación y la libertad personal. Algunas de las características esenciales que definen la sombra son las siguientes:

- Es el lado oculto de nuestra personalidad que hemos reprimido en nuestro intento por adaptarnos a la sociedad.
- Se vuelve más destructiva y peligrosa cuando la reprimimos.
- Incluye nuestras frustraciones, miedos y egoísmos comunes, aspectos que proyectamos hacia el exterior, en nuestras interacciones sociales.

La sombra jungiana y la sombra en la astrología terapéutica son dos formas de lidiar con los lados oscuros de nuestra personalidad. La sombra jungiana nos dice que debemos afrontar y abrazar esos sentimientos y deseos que tratamos de esconder, porque eso nos ayuda a crecer y a ser más completos. Por otro lado, la sombra en la astrología terapéutica trata de entender cómo los patrones de las estrellas pueden influir en nuestra manera de ser, tanto en lo bueno como en lo malo, y cómo podemos trabajar en eso para ser mejores versiones de nosotras mismas. En resumen, ambas ideas nos intentan transmitir que no debemos ignorar nuestros lados oscuros, sino que debemos hacerles frente para ser más felices y sabios.

Durante el proceso de aceptarnos será crucial conectar con nuestras sombras, pero es importante tener presente que ha de hacerse de manera continua y que requiere tiempo y paciencia. **A medida que te adentres en tu sombra y te reconcilies con ella, podrás experimentar asimismo una mayor conexión con tu luz interior y tu autoestima.** De este modo conseguirás un equilibrio en tu vida y en tus relaciones, tanto contigo misma como con los demás. La astrología es una herramienta poderosa para este viaje; sin embargo, también es importante buscar el apoyo de profesionales de la salud mental si sientes que necesitas ayuda adicional en este proceso. Estos son algunos consejos clave que te ayudarán a iniciar y abordar el proceso de identificación, conexión e integración de tus sombras, y a encontrar el equilibrio entre la sombra y la luz en tu día a día:

- Toma tiempo para reflexionar sobre tus patrones de comportamiento, tus reacciones emocionales y tus pensamientos. Observa aquellos aspectos que te resulten incómodos o que tiendan a ser recurrentes en tu vida. La autoobservación consciente puede ayudarte a identificar las áreas en las que tu sombra se activa.

- Estudiar tu carta natal o realizar una interpretación de tu carta natal con un astrólogo profesional puede ser un excelente punto de partida. En este libro nos centraremos en la Luna y Venus, que nos ayudan a entender cómo buscamos la seguridad emocional, la autoestima y el placer en el campo de las relaciones, pero el análisis de tu carta natal puede ofrecerte un gran conocimiento sobre tus luces y sombras en otros ámbitos.

- Una vez hayas identificado tu sombra, es importante trabajar en la integración de estas partes de ti misma. Esto implica aceptar que estos aspectos existen y que son una parte natural de tu ser. Hay algunas técnicas que pueden ayudarte en este proceso de exploración e integración trascendental, como escribir un diario, hacer *journaling*, la terapia o la meditación.

Como dijo Jung: «Lo que niegas te somete, lo que aceptas te transforma».

Viví muchos años negando mis sombras, ocultándome, pensando que de esa forma podría gustar más y ser aceptada. Pero no podría haber estado más equivocada.

EJERCICIO

Este test autoevaluativo es una herramienta que te ayudará a empezar a explorar tus sombras y luces internas. Responde las siguientes preguntas con sinceridad y reflexiona sobre tus respuestas al finalizar. Recuerda que este test es solo un recurso de autoexploración y no tiene un valor científico. ¡Disfruta del proceso de descubrimiento!

1. ¿Qué emociones o rasgos de tu personalidad te resultan difíciles de aceptar o reconocer en ti misma?

    a. La ira y la impaciencia.

    b. La envidia y los celos.

    c. La tristeza y la vulnerabilidad.

    d. La arrogancia y la soberbia.

2. ¿Cuáles son tus cualidades o fortalezas personales de las que te sientes más orgullosa? ¿Cuál de estas opciones es la que más te representa?

    a. Mi capacidad para resolver problemas de manera rápida.

    b. Mi habilidad para empatizar y comprender a los demás.

    c. Mi creatividad y capacidad para pensar de manera innovadora.

    d. Mi liderazgo y determinación para alcanzar mis metas.

3. ¿Qué situaciones o aspectos de tu vida te generan mayor incomodidad o insatisfacción?

   a. Sentir que no tengo suficiente control sobre las circunstancias.

   b. Compararme constantemente con los demás y sentirme inferior.

   c. Experimentar momentos de soledad y tristeza.

   d. No poder aceptar críticas o sugerencias de los demás.

4. ¿En qué aspectos de tu vida sientes que podrías mejorar o crecer personalmente?

   a. En manejar de manera más constructiva la ira y la impaciencia.

   b. En desarrollar mi autoestima y superar los celos.

   c. En aprender a manejar y expresar de manera saludable mis emociones.

   d. En ser más humilde y considerar diferentes perspectivas.

5. ¿Qué actividades o situaciones te hacen sentir más plena y conectada contigo misma?

   a. Resolver problemas complejos y desafiantes.

   b. Ayudar a los demás y ser un apoyo en sus vidas.

   c. Expresarme artísticamente y explorar mi lado creativo.

   d. Liderar proyectos y alcanzar resultados exitosos.

Puntuación

- Cada respuesta (a) suma 1 punto.
- Cada respuesta (b) suma 2 puntos.
- Cada respuesta (c) suma 3 puntos.
- Cada respuesta (d) suma 4 puntos.

Interpretación de los resultados

- 5-8 puntos: es posible que tus sombras estén jugando un papel significativo en tu vida. Puede ser útil explorar y trabajar en estas áreas para lograr un mayor equilibrio emocional.
- 9-12 puntos: tienes una buena mezcla de sombras y luces. Hay áreas en las que puedes seguir creciendo, pero también te enorgulleces de tus cualidades y fortalezas.
- 13-16 puntos: tus luces internas están bien desarrolladas y te permiten vivir una vida plena. Aunque siempre hay espacio para el crecimiento, estás en el buen camino para el autoconocimiento y la aceptación.

Identificar nuestras sombras puede resultar difícil en algunas ocasiones, pero conectar con nuestras luces también puede ser todo un desafío. **Al final, el objetivo debe ser encontrar un equilibrio entre ambas, potenciando nuestra luz y abrazando nuestra sombra.**

A mí, por ejemplo, siempre me ha costado mucho comunicarme. La inseguridad fue mi compañera inseparable mientras crecía. Como te contaba al principio, cuando tenía quince años mi familia y yo nos mudamos a Shanghái y comencé a estudiar en un colegio donde el idioma principal era el inglés. Aunque entendía todo, me sentía muy insegura al hablar. Me daba mucha vergüenza cuando no me entendían, por lo que rápidamente le quitaba importancia. Han pasado muchos años desde aquel momento, pero todo cambió cuando la astrología entró en mi vida.

Nunca pensé que la comunicación, que resultó ser una de mis luces internas (y una vía esencial para compartir mi granito de arena con el resto del mundo a través de la divulgación en redes), estuviera bloqueada. Fue a través del estudio de la astrología que me di cuenta de que la comunicación era parte de mi esencia y debía potenciarla para convertirme en una divulgadora de esta maravillosa disciplina.

Te cuento: al explorar mi carta astral, descubrí cómo los astros influían en mis habilidades comunicativas. Mi signo solar está en Géminis, en la casa 8, en conjunción con Mercurio retógrado. En otras palabras, el Sol representa nuestra esencia, la esencia de Géminis es la comunicación y su planeta regente (más adelante te explicaré qué significa esto) es Mercurio. En mi caso están muy cerca y hacen que esta habilidad se potencie. **Así fui consciente de que tenía un don natural para expresarme de manera clara y auténtica, aunque nunca hubiera sido consciente de ello.** Sin embargo, también me enfrenté a mis miedos y bloqueos en ese ámbito. Fue un proceso de autodescubrimiento y crecimiento personal, donde aprendí a utilizar las palabras como una poderosa herramienta para conectar con los demás y transmitir mis conocimientos.

Por todo ello, como te decía, encontrar y potenciar nuestras luces internas es fundamental para nuestro crecimiento y bienestar. Nuestras luces son esas cualidades y fortalezas que nos hacen únicas y nos permiten brillar en el mundo. Son nuestras habilidades naturales, nuestros dones innatos y nuestras pasiones.

Conectar con nuestras luces nos da confianza, nos impulsa a alcanzar nuestros sueños y nos ayuda a impactar positivamente en la vida de los demás.

En resumen, encontrar la armonía entre nuestras luces y sombras es esencial para nuestro bienestar emocional y espiritual. Al abrazar y trabajar con nuestras sombras, podemos transformarlas en oportunidades de crecimiento y aprendizaje.

Encontrar ese equilibrio nos permite ser seres más completos y auténticos. Nos ayuda a aceptarnos en nuestra totalidad y a reconocer que tanto nuestras luces como nuestras sombras son partes esenciales de nuestro ser.

Te animo, entonces, a explorar tus luces y sombras internas. **Permítete brillar con todo tu esplendor y, al mismo tiempo, acoge y trabaja en aquellas áreas que necesitan sanación.** Encuentra la armonía entre ambas y descubre cómo puedes utilizar esa integración para vivir una vida más plena y significativa. Recuerda que eres una combinación única de luces y sombras, y que esa es tu verdadera belleza.

3

EL PODER DEL SABER: LA ASTROLOGÍA COMO HERRAMIENTA PARA EL AUTOCONOCIMIENTO

El día que conecté
con la astrología

Como contaba en el primer capítulo, a los diecinueve años me diagnosticaron bulimia nerviosa, un trastorno que me llevó a buscar ayuda en la terapia psicológica para abordar mis dificultades emocionales y trabajar en mi recuperación. Aquellos años se convirtieron en un periodo de intenso autoconocimiento, crecimiento y enfrentamiento a mis propias barreras. Sin embargo, en el centro de todo esto siempre estuvo, de manera muy notable, mi baja autoestima y la necesidad constante de complacer a los demás para sentirme segura. **El deseo de gustar para sentirme querida.**

Durante un tiempo complementé la terapia grupal con la individual. Después de que me dieran de alta en la primera continué asistiendo a sesiones de mantenimiento mensualmente. A pesar del gran desgaste físico y mental (y de la crisis en mi relación de pareja de la que ya he hablado), logré completar mi grado universitario en Enfermería y un máster en Enfermería Quirúrgica. Amaba mi profesión, me encantaba. Recuerdo que en la primera clase de Enfermería nos dieron la bienvenida con la siguiente frase: «La enfermera cuida»; cada una de esas palabras resonó en mí. No podía estar más feliz y más en sintonía con mi verdadera vocación. Siempre había tenido claro que quería ayudar a los demás, de una forma u otra, y aquello era lo que me había atraído en un primer momento de ser enfermera.

Acabé la carrera mientras seguía yendo a terapia y empecé a trabajar en diferentes ámbitos sanitarios hasta que acabé en un quirófano. Y ahí sí que había cada día algo nuevo que me llenaba de motivación. El rol de la enfermera quirúrgica desempeña un papel crítico en el proceso quirúrgico: garantiza la seguridad y el bienestar del paciente antes, durante y después de la cirugía, y trabaja con el equipo médico para proporcionar una atención de alta calidad. Me encantaba llegar a primera hora de la mañana y preparar el quirófano y todo el material para las cirugías. Una vez que entraba el paciente lo acompañaba y hacía todo lo posible para que estuviera a gusto en este proceso que tantas veces se vive con estrés y miedo. Además, el hecho de trabajar en equipo me ayudaba a aprender constantemente, y eso era algo que me hacía sentir muy realizada.

Y, sin embargo, pese a tener un trabajo que amaba, una relación de pareja saludable o el apoyo de familiares y amigos, **mi baja autoestima y la falta de amor hacia mí misma, ¡sorpresa!**, seguían ahí.

Ambas estaban continuamente presentes. A pesar de haber recorrido un largo camino en procesos como la terapia ocupacional, *mindfulness*, *reiki*, medicina tradicional china…, esa parte de mí no terminaba de «mejorar». Incluso cuando parecía que algo cambiaba, que me sentía más a gusto conmigo misma, las inseguridades y la autoexigencia volvían siempre, una y otra vez, en diferentes formas: inseguridad en el trabajo, en la pareja, en mis amistades… En resumen, una increíble inseguridad en mí misma, en mi propia piel.

Y entonces, un día, algo hizo clic.

Desde hace cientos de años, el ser humano ha mirado al cielo en busca de conocimiento y guía. Por supuesto, hay gente que desdeña la disciplina de la astrología por el mero hecho de que hay conceptos que la ciencia no ha podido explicar, pero si estás leyendo este libro estoy segura de que, como yo, tú también crees que los astros tienen algo que contarte.

Evidentemente, no todo vale y muchas personas han abusado del paraguas de la astrología para ofrecer contenidos que poco o nada tienen que ver con ella, lo cual, sin duda, alimenta el escepticismo. También la astrología tiene bases y métodos. Con esto no pretendo juzgar a quienes no han conectado con la astrología: cada uno es libre de creer en lo que considere, pero, por mi experiencia personal, pienso que ciencia y astrología no son excluyentes y que cada una nos ayuda a reafirmarnos en las decisiones que tomamos y los caminos que recorremos, simplemente en términos diferentes, y algunos de estos resuenan más con ciertas personas que con otras.

Como sanitaria, a menudo reflexiono sobre cómo la medicina occidental ha avanzado enormemente en términos de conocimientos médicos y tecnología, mientras que, al mismo tiempo, parece haber perdido un aspecto crucial: la humanización de la atención médica. Existen terapias holísticas como la astrología que ofrecen una perspectiva invaluable y complementaria. La astrología, en particular, trata de comprender en profundidad la psicología y las tendencias de una persona. Aporta una dimensión adicional al cuidado de la salud al considerar la conexión entre la mente, el cuerpo y el espíritu. Al combinar la medicina occidental con enfoques más holísticos como la astrología, podemos aspirar a una atención médica más completa y humana que aborda tanto los aspectos físicos como los emocionales de la salud de una persona.

Volviendo a mi historia, poco a poco me fui adentrando en el conocimiento astrológico por mi cuenta hasta que un día, finalmente, escribí a una amiga:

«¡Hola, amor! Últimamente estoy a tope con la astrología, ¿sabes? Estaba pensando en hacerme una interpretación de mi carta natal, pero me da un poco de respeto. Tú te la hiciste hace un tiempo, ¿verdad?».

Mi amiga me contestó:

«¡Hola, cariño! Lo sé, lo sé. Yo también estaba en esa posición hace unos años, pero escucha esto: la astrología me ayudó a reconectar con mi verdadera vocación profesional después de años de sentirme perdida. Realmente cambió mi vida. ¿Te acuerdas de que siempre te decía que me da dabas envidia por haber tenido siempre clara tu vocación de enfermera?».

«Sí, es verdad».

«Pues, cuando me interpretaron mi carta natal, la astróloga notó patrones en mi personalidad que estaban relacionados con mi verdadera pasión. Fue como si finalmente pudiera asimilar por qué me sentía tan atraída por ciertas cosas. Me ayudó a enfocar mis esfuerzos en lo que realmente amaba y me trajo una gran claridad».

«Jope, amor, es que necesito conocerme y entenderme, siento

que me falta información. ¿Tienes el contacto de tu astróloga? Me gustaría intentarlo».

«¡Claro que sí! Aquí te dejo su Instagram. No dudes en enviarle un mensaje. Es muy amable y te guiará en este viaje de autodescubrimiento. ¡Te va a encantar!».

«Gracias, amor, te quiero».

Así que, aunque me daba un poco de miedo, me dije: «¿Qué daño puede hacerme?».

Durante esa hora y media de consulta astrológica ocurrió algo maravilloso. No solo pude comprender muchas cosas sobre mí misma, sino que también logré aceptar y entender por qué me resultaba tan difícil trabajar en mi autoestima. La astrología se convirtió en un despertar, en una luz que marcó un antes y un después en mi vida, tanto personal como profesional.

A través del análisis de mi carta astral, la astróloga me reveló los patrones y las energías que habían influido en mi vida de manera subconsciente. Descubrí cómo mi posición en los astros en el momento de mi nacimiento había moldeado aspectos de mi personalidad, mis desafíos internos y mis fortalezas. La astrología me trajo una comprensión más profunda de mí misma, una claridad sobre mi propósito y un sentido de conexión con el universo.

Esta revelación astrológica me permitió desenredar los nudos emocionales que tanto me habían limitado. Comprendí que mi baja autoestima no era solo el resultado de mis experiencias pasadas, sino también una parte intrínseca de mi ser que debía abordar desde una perspectiva cósmica. Acepté que el amor hacia uno mismo no surge únicamente de la aprobación externa, sino de un profundo entendimiento y conexión con nuestro propio ser.

A partir de aquel momento la astrología se convirtió en una poderosa herramienta en mi vida. No solo me ayudó a trabajar en mi autoestima y mis inseguridades, sino que también me guio en mi crecimiento personal y profesional. **Comprendí que mi propósito era, además de cuidar a los demás como enfermera, cuidarme y amarme a mí como persona.**

La astrología me brindó una nueva perspectiva, una visión más amplia del universo y de mi lugar en él. **Me enseñó que somos seres cósmicos, conectados con el ritmo de las estrellas y los planetas.** Uno de los principios básicos de la astrología es la conexión del todo, tanto entre las personas como la de las personas con el resto del universo, del cual formamos parte. El concepto «lo que es arriba es abajo» en la astrología refleja la creencia en la conexión entre los movimientos celestiales y la vida en la Tierra. Cada individuo es un microcosmos que refleja el macrocosmos del universo, y los planetas y las estrellas se interpretan como influencias en nuestra vida cotidiana. Esto nos lleva a buscar equilibrio y armonía entre las energías celestiales y nuestras experiencias terrenales, utilizamos la astrología para la autoexploración y el crecimiento personal, y creemos que el cosmos y nuestra existencia están intrínsecamente entrelazados. En resumen, **«lo que es arriba es abajo» nos recuerda que somos una parte integral del universo y que nuestras vidas están conectadas a los movimientos celestiales.**

Cada configuración astrológica es única y, a través de su comprensión, podemos desbloquear nuestro potencial y vivir una vida más auténtica y plena. Y al descubrir esto, como no podía ser de otra forma, me formé en astrología terapéutica y evolutiva.

No quiero decir que la astrología sea la única respuesta o solución para todo, pero en mi experiencia personal fue **un catalizador que me permitió profundizar en mi proceso de autodescubrimiento y sanación emocional.** Me dio las herramientas para reconstruir mi autoestima desde dentro y nutrirme de amor propio y aceptación incondicional.

A día de hoy, como enfermera y astróloga, sé que mi verdadero propósito no es solo cuidar de los demás, sino también inspirar a aquellos que luchan con sus propios desafíos internos. **La astrología me ayudó a encontrar mi voz, a compartir mi historia y a alentar a otros a abrazar su propia singularidad y buscar la sanación que necesitan.**

El despertar astrológico que experimenté transformó mi vida en todos los sentidos. Me permitió abrazar mi autenticidad, encontrar un sentido más profundo de amor y gratitud por mí misma y abrirme a un mundo de posibilidades infinitas. La astrología se convirtió en una guía constante en mi camino de autodescubrimiento y crecimiento que me recuerda que somos mucho más de lo que aparentamos y que todos llevamos una luz única y especial dentro de nosotras.

En los próximos capítulos te voy a contar y explicar con detalle todo aquello que me ayudó a aceptarme y a trabajar mi amor propio y mi autoestima para que tú puedas hacer lo mismo. Te animo a explorar la astrología y permitirte descubrir todo lo que puede ofrecerte. Quizá encuentres en ella un despertar similar al que yo experimenté, y, quién sabe, tal vez descubras una nueva dimensión de ti misma que te permita alcanzar una vida plena y llena de amor y propósito.

¿Qué es realmente la astrología? ¿Y la astrología terapéutica?

Si has llegado hasta aquí, seguramente ya tengas claro lo que es la astrología terapéutica.

En términos sencillos y resumidos, la astrología, desde una perspectiva personalizada, es un sistema simbólico que utiliza la posición de los planetas y otros cuerpos celestes para hacer una lectura concreta o con un objetivo específico. Hay varios tipos de disciplinas dentro del ámbito de la astrología (como, por ejemplo, aquella que se encarga de intentar predecir lo que ocurrirá), pero la que nos ocupa en este libro, la astrología terapéutica, se basa en los doce signos del Zodiaco occidental y en las posiciones celestes en el momento del nacimiento de una persona para comprender su personalidad, sus tendencias y su verdadero potencial.

Esto es así porque, en cierta forma, otro de los principios básicos de la astrología radica en la conexión que existe entre el cosmos y la vida en la Tierra, y en cómo, debido a esto, los patrones celestes reflejan y pueden influir en nuestras experiencias individuales y colectivas.

La carta natal nos hablará de la energía que nos influye y cómo la vivimos, en cierto modo, como si fuera nuestro piloto automático. Sin embargo, la magia reside en la toma de conciencia de esta energía influyente. Esto nos capacita para dirigir nuestras vidas a través de la toma de decisiones conscientes y de moldear activamente cómo esa energía nos impacta. La carta natal, en última instancia, es una brújula, no una prisión; nos muestra caminos, pero somos nosotras quienes elegimos cómo caminarlos.

¿Te imaginas poder tener una especie de mapa con el que comprender y conocer tus habilidades natas, tu vocación profesional y los aprendizajes que debes hacer durante tu vida? ¿Y si te digo que esa guía existe?

Tu propio mapa de las estrellas

La astrología terapéutica es una herramienta que utiliza el conocimiento astrológico para comprendernos mejor y enriquecer nuestro bienestar emocional. Se basa en la idea de que podemos usar la carta natal de una persona para explorar su personalidad y sus patrones emocionales.

En esta práctica se analizan aspectos planetarios, posiciones planetarias en las casas astrológicas y las relaciones entre los planetas para obtener una visión completa de quiénes somos y cómo experimentamos diferentes energías, tanto positivas como negativas.

Al aplicar la astrología terapéutica en la vida cotidiana, podemos identificar momentos en los que es probable que enfrentemos desafíos o tengamos oportunidades de crecimiento. Esto nos permite prepararnos emocionalmente y tomar medidas para manejarlos de manera efectiva.

También nos ayuda a comprender nuestras relaciones, motivaciones internas y necesidades emocionales, lo que mejora la comunicación, el autocuidado y el desarrollo personal.

Es importante recordar que la astrología terapéutica no predice el futuro ni ofrece soluciones rápidas, sino que actúa como una guía para el crecimiento personal.

La astrología terapéutica se basa en la idea de que podemos utilizar el conocimiento astrológico para ayudar en nuestro crecimiento personal y bienestar emocional. Se centra en la comprensión de los patrones y en los desafíos recurrentes en nuestra vida, así como en el desarrollo de estrategias, para superar obstáculos y aprovechar nuestras fortalezas.

En la astrología terapéutica se utiliza la carta natal como herramienta de autoconocimiento y exploración personal. Se examinan los aspectos planetarios, las posiciones de los planetas en las diferentes casas astrológicas y la relación entre los planetas para obtener una imagen más completa de la personalidad y de los patrones emocionales de una persona.

Cada planeta, signo y casa poseen diferentes tipos de energías, tanto positivas como negativas. Es fundamental identificar cómo cada persona, de manera individualizada, experimenta esas energías y cómo se pueden trabajar en caso de vivirlas desde su aspecto negativo o cuando están bloqueadas. También es importante comprender cómo conectar con ellas para potenciar su lado positivo.

Al aplicar la astrología terapéutica en el día a día, se pueden identificar momentos o periodo en los que es más probable que surjan desafíos u oportunidades de crecimiento y trabajar tu carta natal para ofrecer herramientas que nos ayuden a desarrollar y trabajar nuestros conflictos internos. Por ejemplo, si sabemos que estamos experimentando un tránsito desafiante, podemos prepararnos emocionalmente y tomar medidas para manejarlo de la mejor manera posible.

Además, la astrología terapéutica también puede ayudarnos a comprender las dinámicas subyacentes en nuestras relaciones, nuestras motivaciones internas y nuestras necesidades emocionales. Esto nos da una valiosa perspectiva que puede facilitar la comunicación, el autocuidado y el desarrollo personal.

Es importante tener en cuenta que la astrología terapéutica no es una forma de predicción absoluta ni una solución rápida a los problemas. Más bien es una herramienta que nos puede ayudar a comprendernos mejor, a trabajar nuestras heridas más profundas y a tomar decisiones más conscientes en nuestras vidas. Cada persona tiene libre albedrío y es responsable de sus elecciones y acciones. La astrología terapéutica puede ser utilizada como una guía para nuestro crecimiento personal, pero siempre debemos mantener la mente abierta y equilibrarla con nuestro propio juicio y según nuestra experiencia.

La carta natal, también conocida como «carta astral», es una representación gráfica de la posición de los planetas y otros cuerpos celestes en el momento exacto de nuestro nacimiento, una suerte de fotografía celeste del instante en que llegaste a este mundo que habla de tu esencia original.

Si escribes en el buscador de Google «carta natal gratis», obtendrás miles de páginas web en las que, metiendo la información que te indico a continuación, conseguirás tu mapa gratis, aunque lo cierto es que para entenderlo se requiere, en primer lugar, un factor humano y, en segundo, un conocimiento en materia de astrología.

La carta natal tiene mucho que decir sobre nuestra persona: contiene información clave para analizar y comprender aspectos importantes de nuestra personalidad, características y tendencias en la vida. Cada carta natal o astral es única: cada persona tiene la suya y se obtiene con tu hora, lugar y fecha de nacimiento. (Para obtener una carta natal con la que puedas trabajar son necesarios estos datos, con la mayor precisión posible. Si no los sabes, pregunta a tu familia o investiga en tu partida de nacimiento).

Aunque entiendo lo tentador que resulta aventurarse a hacer una lectura de una carta astral, aun sin entender realmente lo que dice, no lo hagas. Primero termina de leer este libro y, si aun así crees que necesitas ayuda, consulta con alguien que sepa descifrarla.

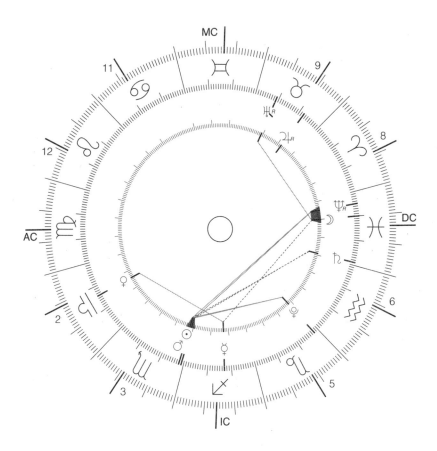

——— La línea continua (trigono, sextil) son aspectos armónicos que indican habilidades y ponteciales

----- La línea discontinua (oposición y cuadratura) son aspectos de tensión que indican aprendizajes

El dibujo que ves arriba es la carta natal. Antes de poder profundizar y entender cómo está formada es muy importante que sepas algo. La carta natal nos va a dar muchísima información sobre cuáles son nuestras tendencias naturales, sin ser conscientes, y cómo la energía nos influye. Pero es muy importante entender que los factores externos, nuestra educación, experiencias vividas, también juegan un papel crucial a la hora de entender e interpretar una carta natal.

Empecemos por el principio: para poder comprender tu carta natal primero debemos saber cuál es su lenguaje. El alfabeto astrológico se compone de planetas, signos, casas y aspectos.

Los planetas en la carta natal son importantes porque representan diferentes aspectos de la personalidad y la vida de una persona. Cada planeta tiene una función específica y será importante entender la función de cada planeta.

- **Sol** ☉ : representa la esencia de una persona, su ego y su propósito en la vida. También refleja la vitalidad y cómo nos expresamos en el mundo.

- **Luna** ☽ : se relaciona con las emociones, la intuición y las necesidades emocionales. Muestra cómo nos sentimos y cómo nos relacionamos con los demás.

- **Mercurio** ☿ : está vinculado a la comunicación, la mente y el intelecto. Indica cómo procesamos la información, cómo hablamos y cómo aprendemos.

- **Venus** ♀ : representa el amor, la belleza y la armonía. Muestra cómo nos relacionamos en las relaciones personales y el placer.

- **Marte** ♂ : es el planeta de la acción, la energía y la determinación. Refleja cómo nos movemos hacia nuestras metas y cómo enfrentamos los desafíos.

- **Júpiter** ♃ : simboliza la expansión, la abundancia y la suerte. Muestra dónde podemos encontrar crecimiento y éxito en la vida.

- **Saturno** ♄ : representa la disciplina, la responsabilidad y las limitaciones. Indica las áreas en las que debemos trabajar duro y ser disciplinados.

- **Urano** ⛢ : está relacionado con la innovación, la originalidad y el cambio repentino. Muestra cómo buscamos la libertad y la individualidad.

- **Neptuno** ♆ : se asocia con la espiritualidad, la intuición y la creatividad. Indica cómo nos relacionamos con lo místico y lo abstracto.

- **Plutón** ♀ : representa la transformación, el poder y la regeneración. Muestra dónde experimentamos cambios profundos en la vida.

Estos son solo resúmenes generales de lo que cada planeta representa en la astrología. En una carta natal completa, la posición de cada planeta en un signo y en una casa astrológica específicos proporciona detalles más precisos sobre cómo estos planetas influyen en la vida y en la personalidad de cada uno. La combinación de todos estos elementos forma una imagen completa en la interpretación astrológica.

Un dato curioso: en astrología, el Sol y la Luna se consideran planetas por convención, aunque en términos astronómicos el Sol es una estrella y la Luna es un satélite natural de la Tierra.

La razón principal para incluir el Sol y la Luna como planetas en astrología radica en su importancia simbólica y su influencia en la personalidad y el destino de una persona.

Aquí puedes visualizar cómo ubicar los planetas en la carta natal.

Otro aspecto importante que identificar son los signos: tenemos un total de doce signos. La división en doce signos zodiacales coincide con la partición del año en doce meses. Cada signo está asociado a un periodo específico del año, lo que hace que sea fácilmente comprensible y aplicable a la vida cotidiana. Cada signo zodiacal tiene asociados ciertos rasgos de personalidad y características arquetípicas que se han desarrollado a lo largo de la historia de la astrología. Estos arquetipos se utilizan para interpretar las influencias astrológicas en la vida de una persona.

Veamos los doce signos zodiacales y sus características:

- **Aries** ♈ : es valiente, enérgico y siempre está listo para la acción. Son líderes naturales y les encanta tomar la iniciativa.

- **Tauro** ♉ : es paciente y terco. Disfruta de las cosas buenas de la vida, como la comida y la comodidad. Son leales y confiables.

- **Géminis** ♊ : es curioso, adaptable y muy comunicativo. Les encanta aprender y son sociables.

- **Cáncer** ♋ : es cariñoso, protector y tiene fuertes lazos familiares. Son sensibles y emocionales.

- **Leo** ♌ : es apasionado, carismático y le encanta ser el centro de atención. Son creativos y generosos.

- **Virgo** ♍ : es perfeccionista, detallista y muy organizado. Son buenos para resolver problemas y cuidar los detalles.

- **Libra** ♎ : es amable, equilibrado y busca la armonía en todas las situaciones. Son justos y les gusta la belleza.

- **Escorpio** ♏ : es intenso, decidido y tiene una gran profundidad emocional. Son apasionados y leales.

- **Sagitario** ♐ : es aventurero, optimista y busca la verdad. Les encanta viajar y aprender sobre diferentes culturas.

- **Capricornio** ♑ : es ambicioso, disciplinado y busca el éxito. Son responsables y trabajadores.

- **Acuario** ♒ : es original, humanitario y tiene una mente abierta. Les gusta hacer cambios y son muy creativos.

- **Piscis** ♓ : es compasivo, soñador y tiene una gran imaginación. Son muy sensibles y emocionales.

> Recuerda: estas son solo características de cada signo, no define en totalidad a las personas. Una cuestión importante es que el horóscopo hace referencia a fechas concretas, pero es fundamental que obtengas tu carta natal para saber con exactitud tu signo solar, ya que cada año no tiene días exactos y pueden variar la fecha de inicio de signos.

Si miramos en el dibujo de la carta natal, los signos serían estos que te muestro a continuación:

La carta natal es un diagrama dibujado en forma de círculo dividido en doce secciones llamadas **casas astrológicas**, que representan diferentes áreas de nuestra vida, donde desarrollamos las funciones planetarias. Este círculo se divide en doce desde la perspectiva del lugar y del momento concreto de tu nacimiento. Todos tenemos doce casas y el movimiento es opuesto a las agujas del reloj.

Las casas astrológicas representan áreas específicas de la vida de una persona. Cada una de las doce casas tiene su propio significado y se relaciona con aspectos particulares de la personalidad, las experiencias y los eventos que ocurren en la vida de alguien. A continuación te proporcionaré una breve explicación del significado básico de cada casa:

- **Casa 1 (AC):** La casa de la personalidad: representa la identidad personal, la apariencia física y la primera impresión que causamos.

- **Casa 2:** La casa de los recursos: está relacionada con los valores personales, la seguridad financiera y los recursos materiales.

- **Casa 3:** La casa de la comunicación: rige la comunicación, la educación temprana, los viajes cortos y las interacciones con hermanos y vecinos.

- **Casa 4 (IC):** La casa del hogar y la familia: alude al hogar, la familia, la infancia, las raíces y la seguridad emocional.

- **Casa 5:** La casa de la creatividad y el romance: está vinculada a la creatividad, al amor romántico, a los hijos, a la diversión y a la expresión personal.

- **Casa 6:** La casa del trabajo y la salud: hace referencia a la rutina diaria, al trabajo, a la salud, a la organización y a la atención a los detalles.

- **Casa 7 (DC):** La casa de las asociaciones: se ocupa de las relaciones personales, el matrimonio, los socios y las conexiones importantes.

- **Casa 8:** La casa de la transformación: está relacionada con la muerte, la regeneración, los recursos compartidos y la espiritualidad profunda.

- **Casa 9:** La casa de la filosofía y los viajes largos: se identifica con la filosofía de vida, los viajes largos, la educación superior y la búsqueda de significado.

- **Casa 10 (MC):** La casa de la carrera y la reputación: representa la carrera, la ambición, la fama, la autoridad y la imagen pública.

- **Casa 11:** La casa de las amistades y los grupos: está vinculada a las amistades, a los grupos sociales, a la innovación y a la participación en la comunidad.

- **Casa 12:** La casa de la espiritualidad y el subconsciente: rige la espiritualidad, la intuición, el karma, las limitaciones y la conexión con lo trascendental.

A continuación verás la carta astral que hemos estado analizando con las diferentes casas resaltadas, para que las puedas ubicar con facilidad:

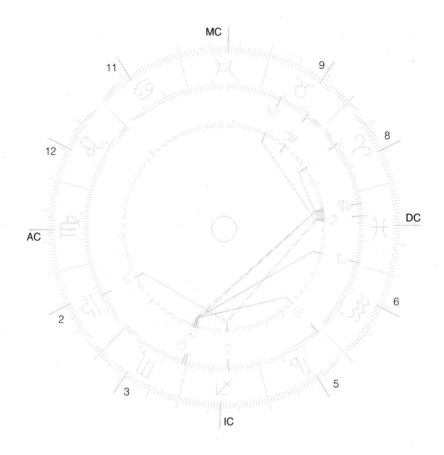

Otro factor relevante a tener en cuenta son los aspectos; es decir, la distancia entre los planetas en el momento exacto de nuestro nacimiento. Se calculan con grados y básicamente indican cómo la energía nos influye de una forma u otra. Algunos de ellos nos hablarán de aprendizajes y otros de habilidades. Aquí te dejo los tipos de aspectos y su significado, aunque en el capítulo siguiente los veremos con más profundidad:

- **Conjunción (0°- ♂):** dos planetas están cercanos en el cielo, fusionando sus energías. Este aspecto intensifica las cualidades de ambos, creando una sinergia única. Por ejemplo, en la carta astral que estamos analizando, el Sol y Marte están en conjunción.

- **Oposición (180°- ☍):** dos planetas están en lados opuestos del Zodiaco, creando tensiones que pueden manifestarse como desafíos. Buscar el equilibrio es clave en las oposiciones.

- **Trígono (120°- △):** dos planetas están a aproximadamente 120 grados de distancia, creando una armonía natural. Este aspecto facilita la cooperación y el flujo positivo de energía.

- **Cuadrado (90°- □):** dos planetas están a 90 grados de distancia (como el Mercurio y la Luna en la carta astral de las páginas anteriores), generando tensiones y desafíos. Aunque puede ser desafiante, también impulsa el crecimiento personal y la resolución de conflictos.

- **Sextil (60°- ✳):** dos planetas están a aproximadamente 60 grados de distancia (como Marta y Venus en la carta astral que estamos trabajando), lo que proporciona oportunidades suaves. Este aspecto brinda posibilidades para el desarrollo y la creatividad.

Estos son solo algunos de los aspectos que los astrólogos consideran al interpretar una carta natal. Cada aspecto aporta su propia dinámica a la personalidad y a las experiencias de una persona. Es importante recordar que la interpretación precisa también depende de la ubicación específica de los planetas y de otros factores en la carta natal.

Por último, en astrología, el concepto de «regencia» se refiere a la relación entre los planetas, los signos del Zodiaco y las casas astrológicas. Un planeta que rige un signo o una casa tiene una influencia especial sobre ellos, afectando sus características y temas asociados. Indica una influencia particular sobre ciertas áreas de la vida de una persona en función de su carta natal.

Veamos en la siguiente tabla las regencias de los planetas sobre los signos del zodíaco y las casas astrológicas:

Planeta	Signo que rige	Casas que rige
Sol	Leo	5
Luna	Cáncer	4
Mercurio	Géminis, Virgo	3, 6
Venus	Tauro, Libra	2, 7
Marte	Aries, Escorpio	1, 8
Júpiter	Sagitario, Piscis	9, 12
Saturno	Capricornio, Acuario	10, 11
Urano	Acuario	11
Neptuno	Piscis	12
Plutón	Escorpio	8

Por ejemplo, si alguien tiene a Mercurio como regente de su tercera casa, esto podría indicar una fuerte influencia en la comunicación y el aprendizaje en su vida cotidiana. Del mismo modo, si Marte rige la octava casa en la carta natal de una persona, puede señalar temas relacionados con transformaciones profundas y desarrollo personal.

En la carta astral, se vería así la división:

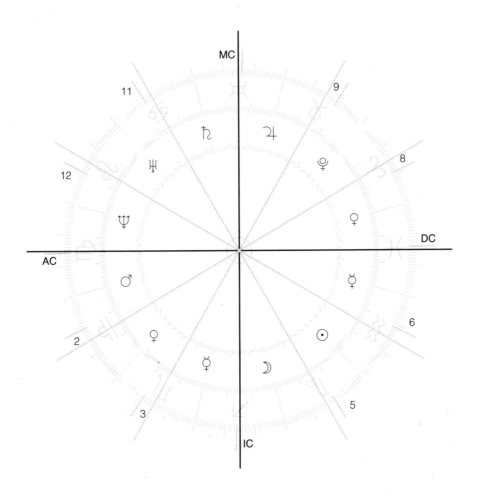

Como ves, la carta natal es una herramienta muy detallada y compleja que puede proporcionar una visión más profunda de nuestra personalidad y las fuerzas que nos influyen. Puede ayudarnos a entender nuestras fortalezas, desafíos y motivaciones internas, así como a explorar temas como nuestras relaciones, carrera, salud y desarrollo espiritual. Pero, para ello, es necesario un conocimiento. Y en estas páginas pretendo dártelo.

Ahora bien, aunque hemos dicho que cada persona tiene su carta natal única, es probable que dos personas (como, por ejemplo, dos gemelos) que hayan nacido en el mismo lugar y hora exacta no compartan la misma carta natal.

Y es que aquí reside la magia y lo diferente de la astrología terapéutica. La carta natal es nuestro piloto automático, nuestra identidad más auténtica, sin máscaras; pero la carta natal nos hablará de la influencia, nunca nos va a determinar. Es por eso por lo que siempre será importante tener presentes los factores externos, ya que sin ellos no podemos tener una visión completa de una interpretación de la carta natal. Conocer tu piloto automático puede ayudarte a trabajar y empezar a ser consciente para poder poner un piloto manual.

Los tránsitos y los movimientos planetarios son aspectos clave de la astrología que pueden tener una influencia significativa en nuestras vidas. Los tránsitos se refieren a la posición actual de los planetas en relación con nuestra carta natal y pueden indicar periodos de cambio, desafío o crecimiento en diferentes áreas de nuestra vida. Por ejemplo, un tránsito de Saturno sobre nuestro Sol puede implicar un periodo de estructuración, responsabilidad y madurez.

Los movimientos planetarios a largo plazo, como los ciclos de Saturno o Urano, también pueden ser importantes. Por ejemplo, el retorno de Saturno ocurre aproximadamente cada veintinueve años y suele marcar un periodo de reevaluación, toma de decisiones importantes y cambios significativos en nuestras vidas. ¿Has oído hablar de la crisis de los treinta?

La astrología es muy compleja y se requiere de muchos años de estudio y práctica, pero no te preocupes, que voy a contarte todo lo que necesitas saber para trabajar tu amor propio a través de mi visión astrológica y mis años de experiencia. Nos vamos a fijar en dos planetas: la Luna y Venus. ¿Por qué?

La Luna representa las emociones y cómo buscamos la seguridad emocional, y va a tener un papel muy importante poder identificar y aceptar qué es lo que te da a ti seguridad emocional.

Por otro lado, Venus representa el placer, cómo queremos y cómo nos gusta que nos quieran. Y no solo eso, pues, como veremos, Venus tiene un papel muy importante en la autoestima.

4

¿DÓNDE MIRAR EN TU CARTA NATAL PARA CONECTAR CON TU AMOR PROPIO Y AUTOESTIMA?

La carta natal nos da muchísima información sobre nosotras mismas: cómo pensamos, cómo reaccionamos, cómo queremos y mucho más. Por mi propia experiencia y mis conocimientos para trabajar el amor propio y la autoestima siempre me centro en dos planetas en particular: la Luna y Venus.

La Luna representa nuestras emociones más profundas, nuestra esencia emocional y cómo nos conectamos con nuestros sentimientos internos. Refleja cómo nos nutrimos y cuidamos de nosotras mismas, así como el modo en que expresamos nuestras necesidades emocionales. En este sentido, la posición de la Luna en la carta natal nos dará claves sobre cómo cultivar una relación sana y compasiva con nosotras mismas, aprendiendo a escuchar nuestras emociones y necesidades internas. También nos dará información sobre cómo buscamos la seguridad emocional y será clave para una vida emocional plena y satisfactoria.

Por otro lado, Venus es el planeta asociado al amor y a las relaciones, pero también está vinculado a la autoestima y al valor propio. Su posición en la carta natal nos muestra cómo nos percibimos a nosotras mismas, cómo nos valoramos y qué tipo de amor y afecto buscamos en nuestras relaciones. Una Venus bien aspectada nos brindará una mayor capacidad para amarnos y apreciarnos, lo que a su vez nos permitirá establecer relaciones más equitativas y saludables con los demás.

La interacción entre la Luna y Venus en la carta natal es una danza especial que arroja luz sobre cómo nos amamos a nosotras mismas y cómo nos relacionamos con los demás en el ámbito afectivo. Al explorar y comprender estas posiciones, podemos obtener herramientas valiosas para fomentar el amor propio, la autoaceptación y el desarrollo de una autoestima sólida. Reconocer nuestros patrones emocionales y de relación nos brinda la oportunidad de crecer y sanar, construyendo una base sólida para la felicidad y la plenitud en nuestras vidas amorosas y personales.

¡Recuerda que amarte a ti misma es el primer paso para poder amar y ser amada de manera auténtica por los demás!

Mi Luna en Cáncer

Desde que era pequeña he experimentado una profunda admiración hacia la Luna por lo misteriosa que resulta. Siempre que viajaba en coche me quedaba absorta mirándola a través de la ventanilla y sentía cómo su luz me seguía. Para mí, la luna ha encarnado y simbolizado innumerables significados a lo largo de la historia de la humanidad, entre los que destacan la maternidad, la libertad etérea, la constante ciclicidad de la vida y la poderosa fuerza de transformación que yace en cada cambio de fase.

Conforme fui creciendo y explorando el mundo, mi vínculo con la luna se fortaleció aún más. Comencé a sumergirme en la comprensión de cómo las distintas fases lunares guardan una profunda relación con el ciclo menstrual, revelándome así los lazos existentes entre la naturaleza y la feminidad. Esta conexión me condujo a desentrañar el poder de la manifestación que emana de cada fase lunar, permitiéndome sintonizar con mi esencia más espiritual de una manera excepcional. De hecho, el primer tatuaje que decidí hacerme fue una delicada luna creciente, como un tributo permanente a esta fascinación que siempre me ha acompañado.

No obstante, mi conexión con la Luna no es más que un reflejo de mi propia naturaleza emocional y altamente sensitiva. Mi capacidad para sentir profundamente siempre ha sido una característica central de mi ser.

Así pues, cuando tuve el revelador descubrimiento de que mi Luna natal reside en el signo zodiacal de Cáncer, todos los hilos de mi historia comenzaron a unirse en un armonioso lazo. La simbiosis entre mi inclinación emocional y la influencia de la Luna en Cáncer cobraron un sentido profundo y coherente, confirmando que mi conexión con este radiante astro es un aspecto innato de mi identidad.

La Luna tiene un lugar fundamental en la astrología, en particular su posición en el momento de nuestro nacimiento, conocida como «Luna natal», que arroja luz sobre aspectos emocionales, instintos y patrones subconscientes que influyen en nuestra personalidad y forma de relacionarnos con el mundo que nos rodea. Sin embargo, también nos ofrece una información supernecesaria para cada una de nosotras, nuestra seguridad emocional y cómo la buscamos.

Para que se entienda un poquito mejor vamos a sumergimos en la Luna en Cáncer, ya que encontramos una dimensión profundamente emotiva y sensible. Cáncer es un signo de agua regido por la Luna, lo que significa que esta, en su propio hogar zodiacal, Cáncer, se encuentra en su posición más natural y poderosa. Este posicionamiento lunar resalta la importancia de la intuición, la empatía y la capacidad de conexión emocional.

La Luna en Cáncer tiene una profunda conexión con las raíces y la familia, convirtiéndolas en fuentes de apoyo y nutrición emocional. Las personas con esta posición lunar suelen ser sensibles y perceptivas, capaces de sentir las emociones no solo propias, sino también las de los demás. Su intuición les permite leer entre líneas y entender las necesidades emocionales de aquellos que las rodean.

La seguridad emocional es esencial para la Luna en Cáncer. Estas personas tienden a buscar un refugio en entornos familiares y cercanos, donde puedan expresar sus sentimientos de manera auténtica. Sin embargo, esta intensidad emocional puede llevar a momentos de vulnerabilidad y a la necesidad de aprender a establecer límites saludables para protegerse.

La Luna en Cáncer también está vinculada con la nostalgia y la memoria. Las personas que tenemos la Luna en Cáncer natal podemos vivir profundamente ligadas al pasado, a menudo atesorando recuerdos y experiencias que han tenido un impacto emocional en nuestras vidas.

También nos enseña a honrar nuestra intuición y a reconocer la importancia de cuidar y nutrir nuestras propias necesidades emocionales tal como lo haríamos con un ser querido.

Entender el significado de la Luna natal nos aportará un granito de información, pero será importante saber cómo está aspectada dentro de la carta para poder entender en su totalidad cuál será nuestra necesidad emocional más profunda.

¿Y qué significa el aspecto?

En astrología, un aspecto se refiere a la relación angular entre dos planetas o puntos sensibles en una carta natal. Los aspectos son considerados como conexiones energéticas que influyen en la interacción entre los diferentes elementos de la personalidad y las experiencias de una persona. Estas relaciones angulares pueden ser armónicas o desafiantes y juegan un papel importante en la interpretación de la carta astral y en la comprensión de las dinámicas de la vida de una persona.

¿Qué aspectos hay?

Aquí hay algunos de los aspectos más comunes que involucran a la Luna y sus significados:

- **Conjunción (0°- ☌):** una conjunción ocurre cuando dos planetas están cerca el uno del otro en el mismo signo. En el caso de la Luna, una conjunción con otro planeta indica una fusión de las cualidades emocionales de la Luna con las del otro planeta. Por ejemplo, una conjunción Luna-Venus puede indicar una naturaleza cariñosa y afectuosa.

- **Sextil (60°- ⚹):** un sextil se forma cuando dos planetas están aproximadamente a 60 grados de distancia entre sí. Una Luna en sextil con otro planeta indica oportunidades para integrar las energías emocionales de ambos planetas de manera armoniosa. Puede sugerir habilidades naturales para expresar las cualidades de esos planetas de manera fluida.

- **Trígono (120°- △):** un trígono se forma cuando dos planetas están a unos 120 grados de distancia entre sí. Una Luna en trígono con otro planeta indica un flujo armonioso y positivo entre las energías emocionales de la Luna y las del otro planeta. Esto puede traer un sentido innato de comprensión y facilidad en la expresión emocional.

- **Cuadratura (90°- □):** una cuadratura se forma cuando dos planetas están a unos 90 grados de distancia entre sí. Una Luna en cuadratura con otro planeta puede indicar desafíos y tensiones entre las energías emocionales de ambos planetas. Puede haber luchas internas entre las necesidades emocionales y las energías representadas por el otro planeta.

- **Oposición (180°- ⚹):** una oposición ocurre cuando dos planetas están opuestos entre sí, a unos 180 grados de distancia. Una Luna en oposición con otro planeta puede indicar una polaridad entre las energías emocionales de la Luna y las del otro planeta. Puede haber una necesidad de encontrar un equilibrio entre estas energías aparentemente opuestas.

Cada uno de estos aspectos proporciona una capa adicional de significado y complejidad a la interpretación de la Luna en tu carta natal. Es importante recordar que ningún aspecto es puramente positivo o negativo y que todos tienen potencial tanto para desafíos como para oportunidades de crecimiento. La comprensión de cómo estos aspectos interactúan en tu carta natal puede brindarte una visión más profunda de tu mundo emocional y de cómo lo integras en todas las áreas de tu vida.

¿Y qué aspectos debo tener en cuenta para interpretar mi luna natal?

En astrología, la Luna es uno de los elementos clave a considerar en una interpretación natal, ya que representa los aspectos emocionales y subconscientes de una persona. Aquí te dejo algunos aspectos importantes de la Luna que debes tener en consideración:

- **Signo lunar:** se determina por la posición de la Luna en el momento de tu nacimiento. Representa tus instintos emocionales, cómo te sientes en tu interior y cómo respondes emocionalmente a las situaciones. Te conecta con tu mundo interior. Nos hablará de la forma en la que buscas la seguridad emocional.

- **Casa lunar:** indica el área de la vida en la que canalizas tus emociones y encuentras seguridad emocional. Revela dónde necesitas sentirte nutrida y protegida, así como dónde buscas estabilidad emocional.

- **Aspectos de la Luna:** los aspectos planetarios que la Luna forma con otros planetas en tu carta natal son cruciales. Los aspectos tensos pueden indicar desafíos emocionales y patrones de comportamiento específicos, mientras que los aspectos armónicos pueden señalar habilidades emocionales naturales y recursos positivos.

- **Fases lunares:** la fase lunar en la que naciste influye en cómo experimentas y procesas las emociones. Refleja ciclos emocionales y cómo respondes a ellos. Las personas nacidas durante la Luna nueva pueden tener un enfoque introspectivo y de inicio, mientras que las nacidas durante la Luna llena pueden experimentar emociones más intensas y expresivas.

- **Relación Sol-Luna:** el aspecto Sol-Luna, también conocido como «Luna natal» o «Luna solar», representa tu identidad emocional y cómo te relacionas con los demás. Muestra cómo integras tus necesidades emocionales con tu expresión personal y cómo te nutres a ti misma mientras te relacionas con los demás.

Continúa sumergiéndote en las páginas de este libro. En él te explicaré cómo embarcarse en un emocionante viaje de autodescubrimiento a través de los aspectos de la Luna en tu carta natal. Cada capítulo es una oportunidad para explorar y comprender las profundidades de tus emociones, y te revelarán tesoros de conocimiento sobre tu ser interior y cómo estas emociones influyen en todas tus experiencias y relaciones.

Mi Venus en Tauro

Durante toda mi vida he encontrado una profunda alegría en la sencillez de la vida. Disfruto de los pequeños momentos, de las cosas simples que a menudo pasan desapercibidas. Para mí, la belleza y el placer residen en lo cotidiano: una puesta de sol, el aroma de la lluvia, una conversación sincera. Siempre he tenido la capacidad de encontrar la felicidad en las cosas más simples y genuinas.

Esta afinidad por lo sencillo está intrínsecamente relacionada con la posición de mi Venus natal en Tauro en mi carta natal. Venus, el planeta del amor y la belleza, encuentra su hogar en

Tauro, un signo que valora la estabilidad, la comodidad y el disfrute sensorial. Esta posición astrológica da forma a mi manera de experimentar y expresar el amor, así como a mi aprecio por las cosas bellas y placenteras de la vida.

El Venus en Tauro en mi carta natal ilumina mi inclinación natural a crear conexiones afectivas arraigadas y duraderas. La energía venusina en este signo me lleva a valorar la lealtad, la seguridad emocional y la conexión tangible en mis relaciones. Mi aprecio por la belleza también se manifiesta en mi amor por la estética visual y la creatividad artística.

Mi inclinación por encontrar la felicidad en lo simple se alinea perfectamente con la naturaleza terrenal de Tauro. Mi Venus natal en este signo me recuerda la importancia de conectarme con mis propios sentidos y necesidades emocionales. Me anima a valorar cada momento y a nutrir mi autoestima al reconocer que merezco sentirme cómoda y satisfecha con lo que me rodea.

Venus, el segundo planeta desde el Sol, es conocido como el «planeta del amor» y rige el signo de Tauro y Libra. En la astrología, representa un crisol de significados que van desde el amor romántico y las relaciones hasta la belleza, la armonía, los placeres sensoriales, la creatividad y el amor propio. Es un reflejo de nuestras preferencias estéticas, nuestras formas de amar y cómo expresamos afecto y aprecio.

Para las mujeres, Venus posee una relevancia particularmente profunda. Es un símbolo del principio femenino y la energía receptiva, influye en cómo una mujer se relaciona con su propia feminidad y en la forma en la que busca y experimenta las relaciones y las expresiones artísticas. Conectar con tu Venus natal no solo se adentra en el amor y relaciones, sino que también ilumina tu percepción de la belleza y la creatividad en todas sus facetas.

Conocer y comprender tu Venus natal es como abrir un cofre lleno de tesoros emocionales y creativos. Te brinda una comprensión profunda de tus deseos amorosos y necesidades emocionales, y te permite tomar decisiones más conscientes en tus relaciones y atraer conexiones más armoniosas y satisfactorias.

Venus no solo representa cómo nos relacionamos con los demás, sino también cómo nos relacionamos con nosotras mismas. Antes de buscar el amor y la belleza en el exterior, es esencial cultivar un amor y aceptación profundos por quiénes somos. Conectar con tu Venus natal es también un recordatorio de que, para construir relaciones y crear obras de arte que reflejen autenticidad, debemos comenzar por nutrir nuestro amor propio.

Amar tu propio ser es la base desde la cual se construyen relaciones saludables y gratificantes. Conocer tus deseos, necesidades y valores te permite establecer límites claros y tomar decisiones alineadas con tu bienestar emocional. Cuando te valoras a ti misma, atraes conexiones que te respetan y te apoyan genuinamente, en lugar de relaciones que te desgastan.

Además, conectarte con tu Venus natal también te ayuda a expresarte creativamente de manera más auténtica. Reconocer y celebrar tus propias preferencias estéticas y talentos artísticos te empodera para crear desde un lugar de verdad y originalidad. Al abrazar lo que te hace única, infundes tus creaciones con una sensación palpable de autenticidad.

Adentrarte en el mundo de tu Venus natal es como tomar el timón de tus relaciones y expresiones artísticas, pero solo después de anclarte en el amor y la apreciación por ti misma. Este proceso te guiará hacia una autenticidad que resuena en todas tus conexiones y te llevará a plasmar tu singularidad en todas tus creaciones.

Recuerda: amarte a ti misma es la brújula que te conducirá hacia relaciones y expresiones cargadas de significado y autenticidad.

Para poder seguir necesitas identificar tu Venus natal:

1. En qué signo se ubica.

2. En qué casa se encuentra.

3. Cómo está aspectada.

Veamos cómo se relacionan estos aspectos con el planeta Venus y sus significados:

- **Conjunción (0°- ☌):** una conjunción con Venus indica que otro planeta está cerca de Venus en la misma área del cielo. Esto fusiona las cualidades del otro planeta con las de Venus. Por ejemplo, una conjunción Venus-Marte puede indicar un equilibrio entre amor y deseo, mientras que Venus-Neptuno puede dar una naturaleza romántica y soñadora.

- **Sextil (60°- ⚹):** un sextil con Venus se da cuando otro planeta está aproximadamente a 60 grados de distancia de Venus. Esto crea oportunidades y fluidez entre las energías de ambos planetas. Un sextil Venus-Júpiter puede sugerir una actitud alegre hacia las relaciones y la vida en general.

- **Trígono (120°- △):** un trígono con Venus ocurre cuando otro planeta está a unos 120 grados de Venus. Esto representa una relación armoniosa y positiva entre las energías de ambos planetas. Un trígono Venus-Saturno podría indicar estabilidad y compromiso en las relaciones.

- **Cuadratura (90°- □):** una cuadratura con Venus se forma cuando otro planeta está a unos 90 grados de Venus. Esto crea tensiones y desafíos entre las energías de ambos planetas. Una cuadratura Venus-Urano puede dar lugar a relaciones inusuales y cambios inesperados.

- **Oposición (180°- ✳):** una oposición con Venus se da cuando otro planeta está opuesto a Venus, a unos 180 grados de distancia. Esto genera polaridades y contrastes en las energías. Una oposición Venus-Plutón puede indicar relaciones intensas y transformadoras.

Cada aspecto con Venus aporta una dimensión única a cómo experimentamos el amor, las relaciones y la creatividad en nuestra vida. Es importante recordar que estos aspectos no son buenos ni malos, y que cada uno ofrece oportunidades para el crecimiento y la comprensión.

Conectar con los aspectos de Venus en tu carta natal te brinda una visión más profunda de cómo te relacionas con los otros, cómo buscas placer y belleza y cómo canalizas tu energía creativa.

Paso a paso para identificar mi Luna y Venus en mi carta natal

A continuación podrás ver, paso a paso, todo lo que necesitas saber para obtener tu carta natal e identificar tu Luna y tu Venus:

Paso 1: obtener tu carta natal

- **Fecha de nacimiento:** necesitas tu fecha de nacimiento precisa, incluyendo el día, mes y año.
- **Lugar de nacimiento:** debes saber la ciudad y el país donde naciste.
- **Hora de nacimiento:** es fundamental saber la hora exacta en que naciste, ya que determina la posición precisa de los planetas en tu carta natal. Si no estás segura de la hora exacta, intenta preguntar a tu familia o verifica si hay un certificado de nacimiento disponible.

Paso 2: obtener tu carta natal gratis online

- Utiliza un sitio web confiable que genere de forma gratuita las cartas natales. Algunas opciones populares son Carta-Natal, Astro-Charts y Cafe Astrology.
- Anota tu fecha, lugar y hora de nacimiento en los campos correspondientes en el sitio web.
- Una vez hayas ingresado tus datos, el sitio generará tu carta natal, que es una representación gráfica de la posición de los planetas en el momento de tu nacimiento.

Paso 3: identificar tu Luna y Venus

- **Elementos de la carta:** en tu carta natal verás un círculo dividido en doce segmentos que representan las doce casas astrológicas. También verás símbolos planetarios ubicados en diferentes partes del círculo, que son los planetas en tu carta.
- **Encuentra la Luna:** busca el símbolo de la Luna (☽), que se asemeja a una media luna, y observa en qué signo y casa se encuentra.

- **Encuentra Venus:** ahora busca el símbolo de Venus (♀), que se asemeja a un círculo con una cruz en la parte inferior, y observa en qué signo y casa se encuentra.

Paso 4: interpretar tu Luna y Venus

- **Signos zodiacales:** cada planeta en tu carta natal estará en un signo zodiacal específico. Investiga las características asociadas con el signo de tu Luna y Venus. Esto te dará información sobre tus instintos emocionales (Luna) y tus preferencias amorosas (Venus).
- **Casas astrológicas:** las casas en tu carta natal indican diferentes áreas de tu vida. Examina en qué casa se encuentran tu Luna y tu Venus. Esto te dará pistas sobre dónde canalizas tus emociones y cómo buscas placer y amor en la vida.
- **Aspectos:** además de la posición de la Luna y Venus, observa si hacen algún aspecto con otros planetas en tu carta. Esto agrega capas de significado a cómo estos planetas interactúan con otros aspectos de tu personalidad y vida.

IMPORTANTE: la interpretación de tu Luna y tu Venus es solo una parte de la imagen completa de tu carta natal. Cada planeta y casa tienen su propio significado y contribuyen a la complejidad única de tu ser. A medida que te adentres en el mundo de la astrología debes tener en cuenta que es una herramienta para el autodescubrimiento y el crecimiento personal. Confía siempre en tu intuición y experiencia para interpretar tu propia carta natal.

Una vez tengas tu carta natal y hayas identificado tu Luna y tu Venus, estarás lista para seguir explorando cómo estos planetas influyen en tu vida, especialmente en áreas como el amor propio y la autoestima. A medida que vayamos avanzando, profundizaré en estos aspectos para que así puedas comprender mejor la relación entre tu Venus y tu Luna natales y cómo pueden ser herramientas valiosas para cultivar un mayor amor propio y una autoestima sólida. Estoy aquí para guiarte a través de este viaje de autodescubrimiento y crecimiento personal.

¿Preparada para seguir explorando juntas?

5

LUNAS
POR SIGNOS

La Luna en astrología es como el faro de nuestro ser interior, que ilumina con su luz las aguas de nuestras emociones. Esta luminaria celestial, ubicada en nuestro mapa natal en un signo, revela la naturaleza de nuestras necesidades emocionales más profundas. La Luna nos habla del alimento que anhela nuestra alma, del refugio donde encuentra consuelo y de las mareas de nuestras emociones que suben y bajan con regularidad.

Nuestra Luna natal representa cómo nos relacionamos con nuestras madres o la figura materna y cuidadores tempranos, ya que estos primeros vínculos establecen patrones emocionales que nos acompañan a lo largo de la vida. Nos ayuda a entender cómo buscamos seguridad emocional, cómo procesamos nuestras emociones y cómo nutrimos a los demás y a nosotras mismas.

A lo largo de este viaje astrológico descubriremos que nuestras necesidades emocionales son tan únicas como las huellas dactilares. Cada posición lunar es única y conocerla nos brinda la clave para sintonizar con nosotras en un nivel profundo y transformador.

Adentrémonos por tanto en el fascinante mundo de la Luna en

astrología, donde descubriremos cómo trabajar por signos para nutrir nuestras necesidades emocionales y navegar por las aguas de la vida con mayor comprensión y sabiduría.

TIP: en cuanto a las relaciones, entender cuál es tu necesidad emocional será clave para poder buscarla en el vínculo, y viceversa. Para lograr una compatibilidad con alguien es importante entender las necesidades emocionales propias y de la otra persona.

LUNA EN ARIES:
la emoción intrépida

Aries, el primer signo del Zodiaco, encarna el espíritu del pionero, el líder y el guerrero. Aries, gobernado por el intrépido Marte, es conocido por su valentía y su impulso inquebrantable. Este signo de fuego destila energía, acción y pasión desenfrenada. Aquellas que nacen bajo su influencia a menudo se caracterizan por su determinación y su deseo de liderar en cualquier desafío que se les presente.

La Luna en Aries es como tener una chispa perpetua en tu interior, una chispa que enciende tus emociones de manera explosiva y apasionada. Es la acción instantánea, la valentía intrépida y la determinación inquebrantable. Pero también es un desafío constante para encontrar el equilibrio entre la pasión y la paciencia.

La Luna representa tus emociones, tu intuición y cómo experimentas el mundo emocional en tu vida cotidiana. Cuando tienes la Luna en Aries, eres una mujer que tiende a sentir sus emociones de manera directa y con una intensidad impresionante.

Eres valiente y audaz en la forma en que enfrentas tus sentimientos. Al igual que Aries, el carnero del Zodiaco, eres rápida para actuar y aventurera en tu enfoque de las emociones. No te detienes ante los desafíos emocionales y tienes una determinación inquebrantable para superar obstáculos.

Por otro lado, en algunas ocasiones puedes ser propensa a reacciones emocionales impulsivas, actuando antes de pensar. La paciencia no es tu mayor virtud, por lo que puede ser frustrante para ti que las cosas no sucedan de inmediato. Sin embargo, también eres muy apasionada y te entregas por completo a lo que te importa.

Trabajar con la Luna en Aries implica aprender a controlar tus impulsos emocionales y encontrar un equilibrio entre la acción impulsiva y la reflexión. Puedes canalizar tu valentía y tu energía apasionada hacia proyectos que te motiven y te permitan expresar tu personalidad dinámica de manera constructiva.

En resumen, tener la Luna en Aries significa que eres una mujer emocionalmente valiente y apasionada, dispuesta a enfrentar desafíos con determinación, pero que, de igual manera, necesitas trabajar para encontrar el equilibrio emocional y la paciencia en tu vida cotidiana.

Luces de la Luna en Aries

- Una de las mayores fortalezas de tener la Luna en Aries es tu valentía emocional. No temes enfrentar tus sentimientos y abordar los desafíos emocionales con decisión.

- Eres una persona de acción. Cuando sientes algo, no dudas en actuar de inmediato para resolverlo o expresarlo. Esta cualidad puede ser extremadamente útil en situaciones de emergencia.

- Tu energía emocional es contagiosa. Te entregas por completo a tus proyectos y relaciones, lo que puede inspirar a los demás y conseguir que todo se haga con entusiasmo.

Sombras de la Luna en Aries

- Tu tendencia a actuar de inmediato puede llevarte a tomar decisiones impulsivas sin pensar en las consecuencias a largo plazo, lo que te llevará, en ocasiones, a lamentar ciertas acciones.
- La paciencia no es tu fuerte. Te sueles sentir frustrada cuando las cosas no avanzan tan rápido como te gustaría, lo que puede generar tensiones y estrés innecesarios.
- Puedes ser propensa a confrontaciones emocionales, ya que no temes expresar tu enfado o descontento. Esto muchas veces genera conflictos con quienes prefieren una comunicación más suave.

Cómo trabajar con la Luna en Aries en tu día a día

Trabajar con tu Luna en Aries implica manejar tus emociones y aprovechar las cualidades positivas de esta posición lunar mientras minimizas los desafíos. Aquí hay algunos consejos prácticos:

- Presta mucha atención a tus estados de ánimo y emociones a lo largo del día. Identifica cuándo te sientes más apasionada, impulsiva o impaciente. La autoconciencia es la clave para trabajar bien con la Luna en Aries.

- Antes de reaccionar impulsivamente en situaciones emocionales, toma un momento para respirar profundamente. Esto te dará un espacio para pensar antes de actuar.

- Trata de desarrollar la paciencia en situaciones cotidianas. Aprende a esperar tu turno, a escuchar antes de responder y a posponer la gratificación si es necesario.

- El ejercicio físico es una excelente manera de liberar la energía acumulada y reducir la impulsividad. Considera una rutina de ejercicios que te ayude a mantener el equilibrio emocional.

- Antes de tomar decisiones importantes, especialmente financieras o relacionadas con tu carrera, tómate el tiempo para planificar y evaluar las opciones disponibles en lugar de actuar de manera impulsiva.

- Busca proyectos o actividades que te apasionen y que te permitan canalizar tu energía de manera constructiva. La creatividad y la expresión artística son excelentes salidas para tu pasión.

- Trabaja en tu habilidad para comunicarte de manera efectiva. Antes de expresar tu enfado o frustración, asegúrate de que tu comunicación sea clara y respetuosa.

- Busca el apoyo de amigos o familiares cercanos cuando te sientas abrumada emocionalmente. Hablar y desahogarte con alguien de confianza es probable que te ayude a procesar tus emociones de una manera saludable.

- Considera el desarrollo personal y la terapia como herramientas para trabajar en la gestión emocional y en el equilibrio entre la acción y la reflexión.

Recuerda que la Luna en Aries puede ser una fuente de energía y pasión, y aprender a trabajar con ella te permitirá aprovechar estas cualidades mientras mantienes un equilibrio emocional en tu vida diaria.

EJEMPLO

María tiene una Luna en Aries en su carta natal, lo que significa que su mundo emocional está impregnado de una energía audaz y apasionada. No tiene miedo de expresar sus sentimientos y es conocida por su valentía y determinación. María actúa rápidamente cuando se enfrenta a desafíos emocionales y, a menudo, lidera con entusiasmo tanto en sus relaciones personales como en su carrera.

Luces

- María no se achica ante situaciones difíciles y está dispuesta a enfrentar cualquier desafío emocional que se presente en su vida.
- Es una mujer independiente que prefiere tomar las riendas de su destino emocional y no depender en exceso de los demás.
- María abraza la vida con pasión y se entrega por completo a las personas y proyectos que le importan.

Sombras

- A veces su impaciencia la lleva a actuar impulsivamente, sin pensar en las consecuencias a largo plazo de sus acciones.
- Puede sentirse frustrada cuando las cosas no avanzan tan rápido como le gustaría, lo que puede generar tensión en sus relaciones.
- Cuando se siente desafiada, quizá exprese su enfado de manera directa y sin rodeos, y esta actitud es fácil que derive en conflictos.

Cómo trabaja María con su Luna en Aries de manera holística

María reconoce la importancia de equilibrar su pasión y valentía con la reflexión. Ha aprendido a tomarse un momento para respirar profundamente antes de reaccionar con impulsividad en situaciones emocionales.

Además, ha desarrollado su paciencia y tolerancia a la frustración, lo que le permite mantener relaciones más armoniosas.

En su carrera, María destaca por su liderazgo y su voluntad de asumir desafíos. Siempre encuentra formas creativas de canalizar su pasión en proyectos exitosos.

En general, María ha trabajado para encontrar un equilibrio entre su naturaleza emocional audaz y su necesidad de ser consciente de las consecuencias de sus acciones. Su Luna en Aries la impulsa a liderar con valentía y pasión en todas las áreas de su vida.

Tips para conectar con una persona con Luna en Aries (conexión energética)

Si te encuentras con alguien cuya Luna natal está en Aries, prepárate para una relación llena de pasión y energía. Para conectar con esta persona, es crucial que respetes su necesidad de independencia y su impulso hacia la acción. Su necesidad emocional reside en la acción, así que es importante entender que en momentos de tensión necesitará su propio espacio para canalizar todo ese fuego interno.

Demuéstrale que estás dispuesta a acompañarla en sus aventuras y desafíos, pero también bríndale espacio para brillar por sí misma. Sé genuina en tu enfoque y evita las situaciones pasivas, ya que aprecia la valentía y la autenticidad en las relaciones.

Posibles dificultades: puede haber choques de ego y una lucha por el control en la relación.

Cómo potenciar la conexión: fomenta un ambiente de competencia amistosa y brinda oportunidades para que exprese su individualidad sin sentirse limitada.

LUNA EN TAURO:
la emoción serena

Cuando tienes la Luna en Tauro en tu carta natal, estás imbuida con la esencia de la Tierra. Esta posición lunar simboliza una profunda conexión con lo tangible, lo material y las comodidades de la vida. Tauro, el toro terrenal del Zodíaco, es conocido por su amor por la estabilidad, la seguridad y la belleza física.

Tener la Luna en Tauro significa que buscas la comodidad y la seguridad emocional en tu vida cotidiana. Valoras la estabilidad y la constancia en tus relaciones y en tu entorno. Eres una persona que se siente atraída por la belleza y disfrutas de los placeres sensoriales, como la buena comida, la música y el contacto físico.

La paciencia es una de tus mayores virtudes, lo que te permite lidiar con los altibajos emocionales con calma y perseverancia. Sin embargo, también puedes ser terca y resistente al cambio.

Luces de la Luna en Tauro

- Eres una roca emocional para ti y para aquellos que te rodean. Tu necesidad de estabilidad te permite mantener la calma en situaciones difíciles y proporcionar apoyo emocional a otros.

- Disfrutas de las sensaciones físicas y los placeres terrenales. Puedes encontrar alegría en las comodidades simples de la vida, como una buena comida, la música, el tacto y la belleza visual.

- Eres tenaz y perseverante en la consecución de tus objetivos emocionales. No te das por vencida fácilmente y trabajas de manera constante para lograr la seguridad emocional que deseas.

Sombras de la Luna en Tauro

- A veces tu determinación puede convertirse en terquedad. En ocasiones tal vez te aferres a tus opiniones y te resistas al cambio, incluso cuando es necesario para tu crecimiento emocional.

- Puedes sentirte incómoda ante cambios emocionales o situaciones inesperadas. La resistencia al cambio hace más fácil que se obstaculice tu capacidad para adaptarte a nuevas circunstancias.

- Tu deseo de comodidades materiales puede llevarte a un enfoque excesivo en la acumulación de posesiones, a veces a expensas de tus necesidades emocionales más profundas.

Cómo trabajar con la Luna en Tauro en tu día a día

Trabajar con la Luna en Tauro en tu día a día implica enfocarte en la estabilidad emocional, el placer y la conexión con el mundo tangible que te rodea. Aquí hay algunas formas de hacerlo:

- La Luna en Tauro se siente más segura y en paz cuando tiene una rutina estable. Intenta crear una estructura diaria que incluya tiempo para el autocuidado, la reflexión y la relajación.

- Date permiso para disfrutar de los pequeños placeres de la vida. Un buen baño, una comida deliciosa o una tarde de lectura nutrirán tu bienestar emocional.

- Pasar tiempo al aire libre y en contacto con la naturaleza puede ser especialmente terapéutico para la Luna en Tauro. Un paseo por el parque o un día en el campo tal vez te ayuden a sentirte más enraizada.

- Intenta desarrollar la paciencia en situaciones cotidianas. Practica la tolerancia ante la frustración y la capacidad de esperar cuando sea necesario.

- Valora las relaciones estables y confiables en tu vida. Invierte tiempo en fortalecer estas conexiones emocionales y aprecia la seguridad que aportan.

- La seguridad financiera es importante para la Luna en Tauro. Aprende a administrar tus finanzas de manera efectiva y a crear un colchón de seguridad económica.

- Trabaja en tu autoestima y autovaloración. Reconoce tus propios méritos y no te subestimes.

- Explora tu creatividad a través de actividades artísticas o artesanales. El acto de crear puede ser terapéutico y gratificante para tu naturaleza emocional.

- Practica la atención plena para estar presente en el momento. Esto te ayudará a disfrutar de las experiencias sensoriales y a reducir la ansiedad sobre el futuro.

- A pesar de tu amor por la estabilidad, recuerda que la vida está en constante cambio. Aprende a soltar y a adaptarte a nuevas circunstancias sin resistencia excesiva.

Trabajar con la Luna en Tauro implica encontrar un equilibrio entre la necesidad de seguridad material y la necesidad de satisfacer tus deseos emocionales. A medida que encuentres este equilibrio, experimentarás una mayor estabilidad emocional y un mayor bienestar en tu vida diaria.

Sofía tiene la Luna en Tauro en su carta natal. Para ella, la seguridad emocional y la comodidad son aspectos fundamentales en su vida.

Cómo vive Sofía su Luna en Tauro

Sofía destaca por su estabilidad emocional. Tiene una naturaleza tranquila y paciente, lo que la ayuda a manejar situaciones emocionales con calma y compostura. Le gusta tener una rutina estable y predecible en su vida cotidiana. La consistencia y la previsibilidad le brindan un sentido de seguridad y bienestar emocional. Sofía se siente profundamente conectada con la naturaleza. Disfruta de actividades al aire libre, como paseos por el parque o pasar tiempo en un jardín, lo que la ayuda a sentirse en armonía consigo misma.

Luces

- Sofía es muy paciente y perseverante, cualidades fundamentales para superar obstáculos emocionales con facilidad y persistencia.
- Su capacidad para disfrutar de las pequeñas cosas de la vida, como el buen comer y el arte, le aporta una profunda sensación de satisfacción emocional y felicidad.
- Sofía es una amiga leal y confiable, lo que le permite construir relaciones profundas y significativas con quienes la rodean.

Sombras

- En ocasiones, su resistencia al cambio puede hacerla demasiado inflexible en ciertas situaciones, y esto le impide adaptarse a nuevas circunstancias emocionales.
- Puede ser posesiva y apegarse demasiado a las personas y cosas, con las consecuentes decepciones emocionales cuan-

do las expectativas no se cumplen.

- Su necesidad de estabilidad a veces limita su capacidad para disfrutar de la espontaneidad y las sorpresas, lo que puede hacer que su vida emocional sea predecible y monótona.

Cómo puede trabajar Sofía su Luna en Tauro de manera holística

Sofía puede abordar su Luna en Tauro de manera holística cultivando un equilibrio entre su necesidad de estabilidad emocional y su capacidad para adaptarse a los cambios. Aunque su naturaleza emocional está arraigada en la estabilidad y la seguridad, puede beneficiarse al explorar nuevas formas de expresión y flexibilidad en su vida emocional. Aquí hay algunas estrategias que Sofía puede considerar para desarrollar un mayor equilibrio emocional y tener más satisfacción en su vida:

- Fomentar la creatividad en su vida diaria puede permitirle liberar emociones reprimidas. Sería positivo que Sofía considere actividades artísticas como la pintura, la escritura o la música para canalizar sus emociones de manera constructiva y fomentar una mayor conexión consigo misma. Al permitirse expresar sus sentimientos de formas no convencionales, puede descubrir una nueva dimensión de su mundo emocional que enriquezca su vida y su autoconocimiento.
- Al explorar prácticas como la meditación y el yoga, será más fácil para Sofía cultivar una conexión más profunda consigo misma y con su entorno. Estas prácticas pueden ayudarla a encontrar un mayor equilibrio emocional y a fomentar una sensación de paz interior que trasciende su necesidad de estabilidad material. Cuando se permita mo-

mentos de reflexión y conexión espiritual, desarrollará una comprensión más profunda de sus propias emociones y necesidades.

- Al cultivar relaciones basadas en la confianza y la autenticidad, Sofía puede experimentar una mayor satisfacción emocional y un sentido más profundo de conexión con los demás. Fomentar la comunicación abierta y honesta en sus relaciones personales le permitirá vínculos más significativos y duraderos. Además, practicar la empatía y la comprensión ayudará a Sofía a comprender mejor las necesidades y emociones de los demás, lo que fortalecerá sus lazos emocionales y promoverá un sentido de intimidad más profundo.

- Al practicar la adaptabilidad emocional y la apertura a nuevas experiencias, Sofía puede expandir su capacidad para lidiar con situaciones emocionales cambiantes. Cuando se desafía a sí misma a salir de su zona de bienestar emocional y a explorar nuevas perspectivas, puede desarrollar una mayor tolerancia al cambio y una actitud más flexible hacia la vida. Esto es probable que le permita experimentar una mayor libertad emocional y un sentido renovado de autoconfianza en su capacidad para superar desafíos y cambios inesperados.

Al integrar estas prácticas en su vida diaria, Sofía puede encontrar un mayor equilibrio y satisfacción emocional, lo que le permitirá aprovechar al máximo su necesidad de estabilidad y seguridad mientras cultiva una conexión más profunda consigo misma y con los demás.

Tips para conectar con una persona con Luna en Tauro (conexión sensorial)

Cuando te encuentres con alguien con la Luna en Tauro, es esencial que te conectes con esta persona a través de los sentidos. Valora las comodidades de la vida y aprecia los gestos amorosos y estables. Asegúrate de crear un entorno tranquilo y acogedor para que se sienta segura y amada. Presta atención a los detalles y demuestra tu lealtad, ya que valora la estabilidad y la consistencia en las relaciones. Su necesidad emocional reside en la seguridad, así que puedes ayudarla a que la trabaje.

Posibles dificultades: puede surgir obstinación y resistencia al cambio, lo que dificulta la resolución de problemas.

Cómo potenciar la conexión: cultiva la paciencia y demuestra tu compromiso a largo plazo. Aprecia su estabilidad y ofrece estímulos suaves para que se sienta segura de abrirse al cambio gradualmente.

LUNA EN GÉMINIS:
la emoción curiosa

La Luna en Géminis en la carta natal se caracteriza por una naturaleza emocionalmente versátil y comunicativa. Si tienes tu Luna natal en este signo puedes ser una persona curiosa, adaptable y hábil en la expresión emocional. Tu esencia dual te permite experimentar una amplia gama de emociones y adaptarte con facilidad a diversos entornos y situaciones emocionales.

Posees una habilidad innata para expresar tus emociones y pensamientos de manera clara y articulada. Disfrutas compartiendo tus sentimientos con los demás y fomentando interacciones significativas a través del diálogo y la expresión verbal. Estás constantemente en busca de nuevas experiencias emocionales y conocimientos. Tu sed de aprendizaje emocional te impulsa a explorar diferentes perspectivas y a entender las complejidades de tus propios sentimientos y los de los demás. Tienes la capacidad de ajustarte con facilidad a los cambios emocionales y a las situaciones en constante evolución. Tu flexibilidad te permite abrazar la diversidad emocional y encontrar soluciones creativas a los desafíos que enfrentas en tu vida emocional, y tu mente ágil te facilita la tarea de analizar las emociones desde múltiples perspectivas y entender la complejidad de tu mundo emocional. Eres capaz de abordar los problemas emocionales con creatividad y encontrar soluciones innovadoras para resolver conflictos internos. Gracias a tu habilidad para comprender las emociones de los demás, estableces conexiones significativas y empáticas en tus relaciones. Eres sensible a las necesidades emocionales de quienes te rodean y te esfuerzas por crear un entorno emocionalmente acogedor y comprensivo.

La Luna en Géminis en la carta natal indica una conexión emocional marcada por la curiosidad, la adaptabilidad y la necesidad de comunicación.

Las personas con esta posición lunar tienden a experimentar sus emociones de manera versátil y expresiva, buscando constantemente nuevas experiencias y conocimientos para satisfacer su sed de aprendizaje emocional.

Luces de la Luna en Géminis

- Aquellas personas con la Luna en Géminis pueden adaptarse con facilidad a diversas situaciones emocionales, y así manejar cambios repentinos con agilidad y creatividad.
- Son personas hábiles en la expresión emocional y les gusta compartir sus sentimientos y pensamientos con los demás, lo que les ayuda a construir conexiones significativas y enriquecedoras.
- Su mentalidad abierta y su disposición a explorar nuevas perspectivas les permite comprender una amplia gama de emociones y puntos de vista, cualidad esta que contribuye a su crecimiento emocional y personal.

Sombras de la Luna en Géminis

- A veces, las personas con la Luna en Géminis se resisten a profundizar en sus emociones, lo que puede llevar a una comprensión superficial de sí mismos y de los demás.
- Debido a su naturaleza adaptable, a veces experimentan cambios de humor repentinos y dificultades para mantener una estabilidad emocional duradera, con la consecuente dificultad para el establecimiento de relaciones profundas y significativas.
- La necesidad de variedad y estimulación constante puede llevar a cierta resistencia a comprometerse emocionalmente, y esto a veces genera desafíos en la construcción de relaciones a largo plazo.

Cómo trabajar con la Luna en Géminis en tu día a día

Trabajar con la Luna en Géminis en tu día a día puede ayudarte a cultivar un mayor equilibrio emocional y una comprensión más profunda de tus propios sentimientos. Aquí hay algunas sugerencias prácticas:

- Presta atención a cómo te comunicas con los demás. Asegúrate de expresar tus emociones y pensamientos de manera clara y considerada. Escucha activamente a los demás y valora su perspectiva. Esto te ayudará a construir conexiones más significativas y a fortalecer tus habilidades de comunicación.

- Abraza tu sed de aprendizaje emocional y mental. Dedica tiempo a leer, a explorar nuevas ideas y a sumergirte en temas que te interesen. La expansión de tu conocimiento te ayudará a comprender mejor tus propios sentimientos y los de los demás, fomentando una conexión más profunda con tu mundo emocional.

- Acepta los cambios con una actitud abierta y flexible. Reconoce que la vida está llena de altibajos emocionales y que la adaptabilidad es clave para mantener un equilibrio saludable. Aprende a ajustarte a las situaciones cambiantes con calma y creatividad.

- Encuentra prácticas que te ayuden a mantener la estabilidad emocional a lo largo del día. Puede ser útil realizar ejercicios de relajación, meditación o *mindfulness* para mantener la calma y la claridad mental. Establece momentos regulares para conectar contigo y reflexionar sobre tus emociones.

- Invierte tiempo y energía en construir relaciones genuinas y significativas con los demás. Cultiva la empatía y la comprensión hacia los demás y busca conexiones basadas en la autenticidad y el respeto mutuo. Al nutrir estas relaciones, experimentarás un mayor sentido de apoyo emocional y conexión humana en tu vida diaria.

EJEMPLO

Laura tiene la Luna en Géminis en su carta natal, lo que influye en su experiencia emocional al enfatizar la comunicación y la curiosidad. Su mundo emocional está marcado por la versatilidad y el deseo de explorar y entender sus propios sentimientos.

Cómo vive Laura su Luna en Géminis

Laura tiende a analizar y a cuestionar sus propios sentimientos de una manera activa y curiosa. Está constantemente buscando entender las emociones desde una perspectiva intelectual y comunicativa.

Es una comunicadora emocionalmente expresiva y disfruta compartiendo sus sentimientos y pensamientos con los demás. La conversación y la interacción social son fundamentales para su bienestar emocional.

Laura se siente más equilibrada emocionalmente cuando se expone a un entorno estimulante. Disfruta de desafíos intelectuales y situaciones que la obligan a pensar y reflexionar.

Luces

- Laura es capaz de adaptarse rápidamente a diferentes situaciones emocionales y comunicarse efectivamente en una amplia gama de contextos.
- Su capacidad para analizar emociones desde una perspectiva intelectual le permite comprender mejor sus propios sentimientos y los de los demás, algo que fortalece sus relaciones.
- Laura puede experimentar una amplia gama de emociones y adaptarse fácilmente a los cambios emocionales, lo que le permite fluir con flexibilidad en diversas situaciones.

Sombras

- En ocasiones, Laura puede sentir dificultades para profundizar emocionalmente, con el riesgo de que esto la lleve a evitar lidiar con emociones complejas y profundas.
- Su necesidad de estimulación constante puede hacer que se sienta inquieta emocionalmente si se aburre o se ve obligada a enfrentar situaciones emocionales monótonas.
- Puede tener dificultades para comprometerse emocionalmente en relaciones profundas y duraderas debido a su necesidad de variedad y cambio.

Cómo puede Laura trabajar su Luna en Géminis de manera holística

Laura puede trabajar con su Luna en Géminis de manera holística al cultivar una mayor profundidad emocional y compromiso en sus relaciones y vida cotidiana. A pesar de la versatilidad y la curiosidad inherentes a su naturaleza lunar, puede beneficiarse al desarrollar una mayor estabilidad emocional y un sentido más profundo de conexión consigo misma y con los demás. Aquí hay algunas estrategias que Laura puede considerar para lograr un mayor equilibrio emocional y satisfacción en su vida:

- Fomentar la práctica de explorar sus emociones más allá de la superficie puede permitirle comprender mejor las raíces y causas subyacentes de sus sentimientos. Laura puede dedicar tiempo regularmente a la autoindagación y reflexión, ya sea a través de la escritura, la terapia o la meditación. Esto puede ayudarla a desarrollar una comprensión más rica y completa de sí misma, lo que a su vez fortalecerá su autoconciencia y habilidades emocionales.
- Incorporar prácticas de atención plena y meditación en su rutina diaria probablemente le permitirá cultivar una mayor estabilidad emocional y un sentido de calma interior. Al reservar tiempo para la meditación, Laura aprenderá a regular su atención y a encontrar un equilibrio entre su naturaleza curiosa y su necesidad de tranquilidad emocional. Esto puede ser útil para manejar mejor la inconstancia emocional y a mantener una perspectiva más equilibrada en su vida.
- Al comprometerse más profundamente en sus relaciones, Laura puede experimentar una mayor satisfacción emocional y un sentido más profundo de conexión con los demás. Fomentar la comunicación abierta y honesta en sus relaciones personales le permitirá establecer vínculos más auténticos y significativos. Además, gracias a la práctica de la empatía y la escucha activa, Laura comprenderá mejor las necesidades y emociones de los demás, lo que fortalecerá sus lazos emocionales y promoverá un sentido de intimidad más profundo.
- Al comprometerse con su propio desarrollo personal y emocional, Laura puede trabajar en superar su resistencia al compromiso y la monotonía. Esto puede implicar la búsqueda de nuevas experiencias y desafíos que la estimulen intelec-

tual y emocionalmente, lo que le permitirá expandir sus horizontes y desarrollar una mayor apertura a la profundidad emocional y la estabilidad.

Cuando integra estas prácticas en su vida diaria, Laura puede encontrar un mayor equilibrio y satisfacción emocional, y, por tanto, aprovechará al máximo su naturaleza curiosa y comunicativa mientras cultiva una conexión más profunda consigo misma y con los demás.

Tips para conectar con una persona con Luna en Géminis (conexión mental)

Para establecer una conexión duradera con alguien que tenga la Luna en Géminis, debes estar preparada para conversaciones estimulantes y dinámicas. Escucha activamente sus ideas y opiniones, y no temas desafiar su intelecto. Permítele espacio para expresarse y explorar diferentes perspectivas. La variedad y la novedad son clave, así que mantén la mente abierta y muestra interés genuino en sus múltiples intereses y curiosidades.

Su necesidad emocional se basa en la comunicación, así que es superimportante que dentro del vínculo haya facilidad para esta.

Posibles dificultades: puede haber inconstancia y dificultad para comprometerse en una conversación profunda. Le costará expresar sus emociones por su tendencia a racionalizar.

Cómo potenciar la conexión: fomenta un intercambio intelectual dinámico y demuestra interés en sus múltiples facetas. Sé versátil y abierta a explorar diferentes perspectivas y temas.

LUNA EN CÁNCER:
la emoción sensible

Tener tu Luna natal en Cáncer implica una conexión emocional profunda con tu ser interno y con aquellos que te rodean. Eres sensible y empática, experimentas emociones de manera intensa y buscas seguridad emocional en tus relaciones y entorno. Además, te encuentras constantemente sintonizada con tus sentimientos y los de los demás. Tu naturaleza compasiva te convierte en un apoyo confiable para tus seres queridos, por lo que les ofreces consuelo y protección cuando más lo necesitan. Confías en tu intuición para guiar tus decisiones emocionales, lo que te permite entender las necesidades emocionales de los demás con agudeza.

Tu rica vida emocional te trae una capacidad creativa profunda, que puedes utilizar como una forma de procesar y sanar emocionalmente. No obstante, debes prestar atención a tu sensibilidad excesiva, que puede llevarte a reacciones emocionales intensas. A veces puedes sentirte apegada al pasado y luchar por soltar situaciones y personas que ya no te sirven, lo que te impide avanzar. Trabajar en el cultivo de límites saludables y en la confianza en ti misma hará factible mantener relaciones equilibradas y amorosas, mientras te cuidas emocionalmente en tu día a día.

Las luces de tu Luna en Cáncer

- Tu capacidad para sintonizar con las emociones de los demás te convierte en un confidente y apoyo confiable para tus seres queridos. Tu naturaleza compasiva te impulsa a cuidar y proteger a quienes amas.

- Tu aguda intuición te ayuda a comprender las emociones y necesidades de los demás, permitiéndote ofrecer consuelo y apoyo en momentos difíciles. Confía en tu intuición para guiar tus decisiones emocionales.

- Tu rica vida emocional te otorga una profunda capacidad para la expresión creativa. Utilízalo para canalizar tus sentimientos en formas artísticas que te permitan procesar y sanar emocionalmente.

Las sombras de tu Luna en Cáncer

- Puedes ser susceptible a las críticas y reacciones emocionales exageradas, lo que a veces puede llevar a un estado emocional inestable. Trabaja en fortalecer tu capacidad de autogestión emocional.

- Debido a tu naturaleza sentimental, podrías tener dificultades para dejar ir situaciones pasadas y personas que ya no te sirven. Aprende a encontrar un equilibrio saludable entre honrar tu pasado y vivir en el presente.

- Tu necesidad de seguridad emocional puede manifestarse en un miedo subyacente al rechazo o al abandono. Trabaja en desarrollar la confianza en ti misma y en establecer límites saludables en tus relaciones.

Cómo trabajar con la Luna en Cáncer en tu día a día

Para trabajar con tu Luna en Cáncer en tu día a día, es crucial practicar el autocuidado y la autocompasión. Aprende a establecer límites saludables para proteger tu bienestar emocional y practica la comunicación abierta y honesta con tus seres queridos para mantener relaciones equilibradas y amorosas.

- Dedica tiempo a actividades que nutran tu bienestar emocional, como la meditación, la escritura o el arte. Presta atención a tus necesidades emocionales y date permiso para sentir y procesar tus emociones sin juicio.
- Aprende a identificar y comunicar tus límites emocionales con los demás. Asegúrate de reservar tiempo para ti misma y establece límites claros en tus relaciones para preservar tu energía emocional y evitar el agotamiento.
- Fomenta una comunicación abierta y honesta con tus seres queridos. Expresa tus necesidades emocionales de manera clara y escucha atentamente las necesidades de los demás. La comunicación consciente te ayudará a construir relaciones más auténticas y satisfactorias.
- Pasa tiempo al aire libre y busca actividades que te conecten con la naturaleza. Es probable que la naturaleza tenga un efecto calmante en tus emociones y te ayude a encontrar un mayor equilibrio y una claridad emocional.
- Aprende a abrazar y aceptar los altibajos emocionales como parte natural de la vida. Cultiva la resiliencia emocional practicando la gratitud, encontrando el propósito en tus experiencias y aprendiendo de los desafíos emocionales que afrontas.

Al integrar estas prácticas en tu rutina diaria, podrás fortalecer tu bienestar emocional y cultivar una conexión más profunda contigo misma y con los demás.

Victoria tiene una Luna en Cáncer en su carta natal, lo que significa que su mundo emocional está arraigado en la sensibilidad y la empatía. Ella se conecta profundamente con sus propios sentimientos y los de los demás, y busca constantemente seguridad emocional en sus relaciones y entorno. A menudo, es considerada como el apoyo y la confidente de su círculo cercano, puesto que ofrece consuelo y comprensión en momentos de necesidad.

Luces

- Victoria demuestra una capacidad innata para comprender y acoger las emociones de los demás, algo que la convierte en un pilar de apoyo en tiempos difíciles.
- Su aguda intuición le permite sintonizar con sus propios sentimientos y necesidades emocionales, incluso con las más sutiles que pueden pasar desapercibidas para otros.
- A través de su rica vida emocional, Victoria canaliza sus sentimientos en formas creativas de expresión. Utiliza el arte y la escritura como medios para procesar y sanar emocionalmente.

Sombras

- A veces la sensibilidad de Victoria la hace susceptible a las críticas y a reacciones emocionales intensas, lo que puede derivar en un estado emocional inestable.
- Su naturaleza sentimental puede hacer que se aferre a situaciones y relaciones pasadas, con la dificultad consecuente para avanzar y dejar ir lo que ya no le sirve.
- Victoria puede experimentar un miedo subyacente al rechazo o al abandono, de modo que en ocasiones se vuelve emocionalmente reservada por temor a resultar lastimada.

Cómo trabaja Victoria con su Luna en Cáncer

Victoria ha estado trabajando en establecer límites saludables y en comunicarse abiertamente sobre sus necesidades emocionales. A través de prácticas regulares de autocuidado, como la escritura terapéutica y la meditación, ha aprendido a manejar sus emociones de manera más equilibrada. Al conectarse con la naturaleza y buscar la estabilidad emocional en su día a día, Victoria ha descubierto cómo cultivar relaciones auténticas y amorosas, priorizando su bienestar emocional y el de quienes la rodean.

Tips para conectar con una persona con Luna en Cáncer (conexión emocional)

Las personas con la Luna en Cáncer valoran las conexiones emocionales profundas y significativas. Su necesidad emocional reside en la dependencia: necesitan sentir cariño, amor y protección. Demuestra tu apoyo y comprensión, y mantén un ambiente cálido y acogedor. Sé receptiva a sus sentimientos y necesidades, y demuestra tu lealtad y empatía en todo momento. Evita ser demasiado racional o distante, ya que buscan estabilidad y seguridad emocional en las relaciones.

Posibles dificultades: puede surgir un exceso de sensibilidad y una tendencia a aferrarse al pasado que dificulta la adaptación al cambio.

Cómo potenciar la conexión: brinda seguridad emocional y demuestra tu lealtad. Evita la crítica severa y ofrece un espacio seguro para que estas personas expresen sus emociones y preocupaciones sin que se sientan juzgadas.

LUNA EN LEO:
la emoción apasionada

Tener tu Luna en Leo significa que iluminas el mundo con una intensidad única y una pasión ardiente. Tu conexión emocional se manifiesta con un toque teatral y un deseo innato de brillar en el escenario de la vida.

Eres una persona que puede experimentar las emociones con un toque dramático y apasionado. Buscas reconocimiento y validación emocional, y te sientes más completa cuando recibes la atención que mereces. Tu corazón late con fuerza y tus sentimientos son tan radiantes como un sol brillante.

Con la Luna en Leo, tus necesidades emocionales son tan únicas como tu brillo. Tú, en el centro del escenario emocional, deseas ese reconocimiento y validación que hacen palpitar tu corazón. Necesitas sentir que tus emociones son vistas y apreciadas por los demás para alcanzar la plenitud emocional.

La expresión creativa es tu néctar emocional. Requieres un espacio donde puedas canalizar esas emociones, ya sea a través del arte, la música o cualquier forma de expresión que te permita brillar con luz propia.

En el escenario de las relaciones emocionales, buscas conexiones significativas. Necesitas sentirte afiliada y amada, y tu corazón resplandece cuando compartes afecto con los demás.

En cuanto a tus éxitos y logros personales, necesitas celebrarlos. La retroalimentación positiva y el reconocimiento de tus habilidades y logros contribuyen a tu sentido de valía emocional, como un constante aplauso para tu alma.

Aunque buscas esa validación externa, también entiendes la importancia de cultivar la seguridad en tu amor propio. Trabaja en construir una base interna sólida para mantener ese equilibrio saludable entre la validación externa y la confianza interna. Recuerda: en tu propio escenario emocional eres la estrella que merece el aplauso más fuerte. ¡Brilla con todo tu esplendor!

Las luces de tu Luna en Leo

- Te conectas emocionalmente a través de una expresión apasionada de tu verdadero ser. No temes mostrar tus emociones con un toque teatral y auténtico.

- Tu Luna en Leo te brinda una chispa creativa que ilumina cualquier situación. Utiliza esta energía para crear y expresar tus sentimientos de manera vibrante.

- Eres generosa con tus emociones y disfrutas compartiendo tu luz emocional con los demás. Tu calidez y tu corazón abierto hacen que seas una amiga leal y una confidente valiosa.

Sombras de tu Luna en Leo

- En algunas ocasiones tu deseo de reconocimiento puede volverse abrumador. Trabaja en equilibrar la necesidad de validación externa con el autoamor y la confianza interna.

- Puedes caer en la dramatización exagerada de las situaciones emocionales. Encuentra el equilibrio entre expresar tus sentimientos de manera auténtica y evitar exageraciones innecesarias.

- Tu autoestima puede depender en gran medida de la retroalimentación emocional positiva. Trabaja en construir una base interna sólida y no dejes que te afecte demasiado la opinión de los demás.

Cómo trabajar con la Luna en Leo en tu día a día

- Encuentra formas creativas de expresar tus emociones, ya sea a través del arte, la música o cualquier forma de expresión que te haga sentir viva.
- Aprende a celebrar tus logros y éxitos personales sin depender exclusivamente de la aprobación externa. Reconoce tu propio valor y brillantez.
- Sigue siendo generosa con tus emociones, pero también recuerda cuidar de ti misma. Encuentra un equilibrio entre dar y recibir apoyo emocional.
- Trabaja en fortalecer tu confianza interna. Recuerda que eres valiosa y digna de amor, independientemente de la atención que recibas del exterior.

Con estas prácticas podrás celebrar tu naturaleza emocional única y vivir cada día con el brillo radiante que define tu Luna en Leo. Intenta que tu luz siga iluminando el camino.

Álex tiene una Luna en Leo en su carta natal, lo que significa que su mundo emocional está imbuido de una fuerte autoexpresión y pasión. Tiene una necesidad innata de ser reconocida y admirada, y busca experimentar emociones con intensidad y entusiasmo. Álex disfruta de estar en el centro de atención y se esfuerza por crear un entorno emocional cálido y acogedor para aquellos que la rodean.

Luces

• Álex irradia un carisma natural y una generosidad de corazón, lo que la convierte en una presencia magnética en la vida de los demás.

• Posee una confianza en sí misma envidiable y una determinación feroz que la impulsa a perseguir sus objetivos emocionales con valentía y pasión.

• A través de su vibrante mundo emocional, Álex despierta la inspiración y el entusiasmo en los demás, infundiendo creatividad y alegría en sus interacciones emocionales.

Sombras

• A veces la necesidad de Álex de ser admirada y reconocida puede conducir a una dependencia excesiva de la validación externa que afecta a su estabilidad emocional.

• Su orgullo y tendencia a buscar elogios pueden hacer que sea difícil para ella admitir sus propias vulnerabilidades y errores, y esta cuestión obstaculiza la resolución de conflictos emocionales.

• La sensibilidad al rechazo y la crítica pueden desencadenar en un estado emocional frágil en Álex, haciéndola vulnerable a la inseguridad y a la duda en sus relaciones.

Cómo trabaja Álex con su Luna en Leo

Álex ha estado trabajando en cultivar una confianza interna sólida y en encontrar un equilibrio entre la búsqueda de reconocimiento externo y la validación interna. A través de la práctica regular de la gratitud y la autoafirmación positiva, ha aprendido a apreciar su valía más allá de la validación externa. Al canalizar su creatividad en proyectos significativos y cultivar relaciones auténticas basadas en la reciprocidad emocional, Álex ha encontrado una mayor estabilidad emocional y una autenticidad en su vida cotidiana.

Tips para conectar con una persona con Luna en Leo (conexión creativa)

Para conectarte con una persona que tenga la Luna en Leo debes reconocer y apreciar su deseo de ser el centro de atención, porque serlo es lo que le da seguridad emocional. Enfatiza sus habilidades creativas y reconoce sus logros con entusiasmo y admiración. Permítela brillar y compartir sus pasiones contigo, y demuestra tu apoyo inquebrantable. Evita opacar su brillo y muestra tu propio entusiasmo por la vida y tus propios proyectos creativos.

Posibles dificultades: puede surgir un deseo excesivo de atención y una necesidad constante de validación. Eso indicará una falta de autoestima.

Cómo potenciar la conexión: reconoce sus logros y habilidades creativas sin dejar de afirmar tu propio valor. Fortalece su generosidad y brinda apoyo constante para equilibrar su necesidad de reconocimiento.

LUNA EN VIRGO:
la emoción reflexiva

Con tu Luna en Virgo iluminas tu mundo emocional con una luz única y práctica. Eres como una artista meticulosa que examina cada emoción con detalle y teje una conexión interna, profunda y auténtica.

Tu capacidad para conectarte emocionalmente es excepcionalmente detallada. Analizas cada matiz de tus sentimientos y creas una conexión interna que es profunda y auténtica. Te enfrentas a los desafíos emocionales con un enfoque analítico y práctico, buscando soluciones tangibles para las complejidades del corazón.

Eres un apoyo invaluable. Tu luz emocional se traduce en acciones concretas y serviciales. Prestas atención a los detalles y resuelves los problemas emocionales con eficiencia y estando presente de manera práctica. La intuición que emana de ti es aguda y perspicaz. Confías en esta intuición para comprender los matices emocionales y ofreces orientación precisa basada en un análisis profundo y perspicaz.

Tu creatividad brilla de manera práctica. Utilizas tu capacidad creativa para encontrar soluciones prácticas a los desafíos emocionales y expresas tus sentimientos de manera efectiva a través de medios útiles.

En cuanto a tus necesidades emocionales esenciales, valoras la conexión profunda y detallada con tus propias emociones. Buscas un apoyo práctico y concreto en el que las acciones significativas y detalladas demuestren amor y cuidado. Además, la comunicación clara y precisa es clave en tus relaciones, ya que expresar y comprender emociones de manera específica satisface tus necesidades emocionales.

Disfrutas de momentos de reflexión detallada, en los que el tiempo para analizar y comprender tus emociones es esencial para sentirte en armonía contigo misma. Recuerda: esta luz que llevas dentro es única y especial.

Luces de tu Luna en Virgo

- Tener la Luna en Virgo implica una conexión emocional meticulosa y reflexiva. Analizas cada sentimiento con detalle e intentas comprender la esencia misma de tus emociones y las de los demás. Buscas soluciones tangibles para las complejidades emocionales y encuentras consuelo en la practicidad de la expresión emocional.

- Te conviertes en un apoyo detallado y servicial para tus seres queridos. Ofreces consuelo a través de acciones concretas, prestas atención a las necesidades específicas y resuelves problemas emocionales con eficacia.

- Tu aguda intuición se manifiesta en un análisis perspicaz de las necesidades emocionales. Confías en esta intuición analítica para entender los matices de las emociones y así proporcionar orientación precisa.

- La rica vida emocional que experimentas se traduce en una creatividad utilitaria. Empleas tu capacidad creativa para encontrar soluciones prácticas a desafíos emocionales y expresar tus sentimientos de manera efectiva.

Sombras de tu Luna en Virgo

- Tu atención meticulosa a los detalles puede conducir al perfeccionismo emocional. A veces es crucial permitir la fluidez y la imperfección en el reino emocional.

- Corres el riesgo de caer en el análisis excesivo de tus propias emociones con cierta frecuencia, lo que dificulta simplemente dejarte llevar por ellas. Encuentra un equilibrio entre comprender y sentir.

- La autoexigencia puede ser una sombra, ya que a veces te pides demasiado emocionalmente. Aprende a ser amable contigo misma y a aceptar que está bien no tener todas las respuestas.

- En tu búsqueda por comprender las emociones, puedes caer en el distanciamiento emocional. Recuerda la importancia de permitirte sentir, sin miedo al caos emocional que pueda surgir de manera ocasional.

- La necesidad de controlar las emociones a veces deriva en ansiedad. Aprende a soltar lo que escapa a tu control y abraza la incertidumbre emocional con aceptación.

Cómo trabajar con la Luna en Virgo en tu día a día

- Dedica tiempo a actividades que nutran tu bienestar emocional de manera práctica, como la organización, la planificación o el cuidado meticuloso de tu entorno.

- Aprende a identificar y comunicar límites emocionales claros con las personas que te rodean. Establece límites para proteger tu energía emocional y evita sentirte abrumada.

- Fomenta una comunicación clara y práctica con tus seres queridos. Expresa tus necesidades emocionales de manera directa y escucha con atención las necesidades de los demás.

- Pasa tiempo al aire libre y busca actividades que te conecten con la naturaleza de manera práctica. Encuentra la belleza en la simplicidad y la utilidad de la naturaleza.

- Cultiva la resiliencia emocional practicando la aceptación de los cambios y desafíos emocionales. Busca la utilidad en cada experiencia y aprende de ellas.

Con estas prácticas podrás transformar tu meticulosidad emocional en una fuerza que nutre y enriquece tu vida interior. ¡Que cada análisis emocional te lleve a una comprensión más profunda y a una conexión más auténtica contigo misma y con el mundo que te rodea!

 EJEMPLO

Carolina tiene una Luna en Virgo en su carta natal, lo que significa que su mundo emocional está imbuido de un enfoque práctico y una búsqueda constante de perfección. Tiene una capacidad innata para ser consciente de los detalles más pequeños y una necesidad de orden y organización en su vida emocional. Carolina se esfuerza por encontrar seguridad emocional a través de la estabilidad y la eficiencia en sus relaciones y actividades cotidianas.

Luces

- Carolina demuestra una habilidad excepcional para analizar y comprender las complejidades emocionales, lo que le permite ofrecer consejos prácticos y útiles a aquellos que la rodean.
- Su compromiso con el servicio y la ayuda desinteresada la convierte en una amiga y compañera confiable, dispuesta a estar presente en momentos de necesidad emocional.
- A través de su enfoque detallado y de su habilidad para organizar, Carolina crea un entorno emocional estable y predecible que fomenta la seguridad y el bienestar emocional.

Sombras

- A veces la tendencia de Carolina a ser autocrítica puede llevarla a cuestionar constantemente sus propias acciones y decisiones, algo que puede generar inseguridad y ansiedad emocional.
- Su deseo de perfección y orden es probable que haga que sea difícil para ella adaptarse a los cambios emocionales y fluir con las complejidades de la vida, y esto deriva a veces en una sensación de tensión emocional.
- La preocupación constante por los detalles y la necesidad de control pueden llevar a Carolina a sentirse abrumada por las responsabilidades emocionales, lo que afecta a su capacidad para relajarse y disfrutar del momento presente.

Cómo trabaja Carolina con su Luna en Virgo

Carolina ha estado trabajando en cultivar la compasión consigo misma y en abrazar la imperfección como parte natural de la vida. Al desarrollar prácticas de autocuidado que fomenten la relajación y el bienestar emocional, ha aprendido a manejar su autocrítica y sus preocupaciones de manera más saludable. Al equilibrar su enfoque detallado con la aceptación de la incertidumbre, Carolina ha encontrado una mayor tranquilidad emocional y ha cultivado relaciones más equilibradas y auténticas en su vida cotidiana.

Tips para conectar con una persona con Luna en Virgo (conexión práctica)

Si estás interesada en conectar con alguien cuya Luna está en Virgo, demuestra tu aprecio por la eficiencia y el orden y da sin esperar nada a cambio. Sé organizada y detallista en tus interacciones y demuestra tu capacidad para ser práctica y útil. Presta atención a sus necesidades y ofrece soluciones realistas. Evita el desorden y la falta de planificación, ya que las personas con la Luna en Virgo valoran la estabilidad y el enfoque en los detalles. Si hay suficiente confianza, les puedes ayudar a conectar con la espontaneidad y el fluir (siendo consciente de que les costará).

Posibles dificultades: puede haber un enfoque excesivo en los detalles y una tendencia a ser críticos, lo que dificulta la relajación y la espontaneidad. Recuerda que su «crítica» suele ser constructiva, aunque a veces duela.

Cómo potenciar la conexión: demuestra tu aprecio por su enfoque práctico y brinda estabilidad y organización. Impulsa su capacidad de análisis constructivo y evita la crítica excesiva, de modo que fomentes un ambiente relajado y libre de juicios.

LUNA EN LIBRA:
la emoción armoniosa

Con la Luna resplandeciendo en Libra, tu universo emocional es un lienzo tejido con los delicados hilos de la armonía y el equilibrio. Eres una verdadera artista de las relaciones, exploras la belleza emocional y la profunda conexión en cada rincón de tu vida.

Tu Luna en Libra revela una búsqueda constante de paz y equilibrio en tus emociones. Para ti, las relaciones son un arte, una expresión estética que va más allá de lo superficial. Tu conexión emocional se caracteriza por la estética, la apreciación de la belleza en la dinámica relacional.

La empatía no es solo una herramienta para ti: es tu brújula emocional. Te sumerges en la comprensión mutua, buscando no solo ser comprendida sino también comprender de manera justa y equitativa. Esta búsqueda de equidad es una parte intrínseca de tu naturaleza emocional. Tu seguridad emocional reside en satisfacer a los demás.

Necesitas un constante equilibrio en tus relaciones, como si estuvieras bailando en una cuerda floja emocional. La estabilidad relacional es tu anhelo y buscas la creatividad compartida como medio para fortalecer y embellecer esas conexiones emocionales. Tu mundo interior florece cuando las relaciones son un reflejo de armonía y gracia. No obstante, es importante que tengas cuidado de no perderte en esas relaciones.

Luces de tu Luna en Libra

- Te distingues por tu habilidad para mantener la armonía en tus relaciones. Tu enfoque diplomático y comprensivo contribuye a un entorno emocional equilibrado.

- Eres una creadora de belleza emocional. La expresión artística de tus sentimientos y la apreciación de la estética enriquecen tus interacciones.

- Compartes empatía de manera equitativa y buscas soluciones que beneficien a ambas partes. Tu comprensión mutua profundiza tus vínculos emocionales.

Sombras de tu Luna en Libra

- En tu búsqueda de equidad, a veces te enfrentas a la indecisión emocional. Tomar decisiones puede convertirse en un desafío cuando buscas un equilibrio perfecto.

- Por temor a perturbar la armonía, puedes evitar conflictos a toda costa, en ocasiones a expensas de tus propias necesidades emocionales.

- Existe el riesgo de depender demasiado de las relaciones para tu estabilidad emocional, lo que haría que perdieras de vista tu independencia emocional en el proceso.

Cómo trabajar con la Luna en Libra en tu día a día

- Dedica momentos a reflexionar sobre el equilibrio en tus relaciones. Asegúrate de satisfacer tus necesidades emocionales y las de los demás.

- Nutre tu expresión creativa, ya que es una vía importante para comunicar tus emociones y fortalecer conexiones.

- Fomenta la comunicación abierta y honesta en tus relaciones. Expresa tus necesidades emocionales con claridad y busca comprender las de los demás.

- Trabaja en tomar decisiones con confianza y recuerda que la equidad no siempre significa sacrificar tus propias necesidades emocionales.

Tu viaje emocional con la Luna en Libra es un poema en constante creación, donde cada relación es una obra maestra de armonía y belleza.

¡Sigue tejiendo tu arte emocional con gracia y elegancia!

 EJEMPLO

Andrea tiene una Luna en Libra en su carta natal, lo que significa que su mundo emocional está influenciado por un profundo deseo de armonía y equilibrio en sus relaciones. Tiene una sensibilidad única para percibir las necesidades de los demás y se esfuerza por mantener la paz y la justicia en sus interacciones emocionales. Andrea valora la cooperación y la colaboración, y busca siempre un terreno común en sus relaciones personales y profesionales.

Luces

- Andrea destaca por su capacidad para resolver conflictos y para comprender las perspectivas de los demás, lo que la convierte en una mediadora y consejera confiable.
- Su aprecio por la belleza y la estética la impulsa a crear un entorno emocional armonioso y estéticamente agradable que fomenta la tranquilidad y el bienestar emocional.
- Andrea se compromete a encontrar soluciones mutuamente beneficiosas en sus relaciones. Prioriza la colaboración y el compromiso en lugar del conflicto y la confrontación.

Sombras

- A veces la necesidad de Andrea de considerar todos los lados de una situación puede llevarla a dudar y a tener dificultades para tomar decisiones firmes, algo que genera, en consecuencia, una frustración emocional.
- Su aversión al conflicto puede hacer que evite enfrentar problemas emocionales difíciles, lo que en ocasiones resultaría en una acumulación de resentimiento y tensión en sus relaciones.
- La necesidad de agradar a los demás puede hacer que Andrea dependa excesivamente de la aprobación externa, y esta dependencia afecta a su sentido interno de equilibrio y autoestima.

Cómo trabaja Andrea con su Luna en Libra

Andrea ha estado trabajando en establecer límites claros y en comunicarse abiertamente sobre sus propias necesidades emocionales en sus relaciones. Al desarrollar la confianza en su propio juicio y en sus habilidades de toma de decisiones, ha aprendido a tomar decisiones con mayor seguridad y claridad.

Al practicar la asertividad y el autocuidado, Andrea ha encontrado un equilibrio entre su deseo de armonía y su necesidad de autenticidad y honestidad en sus relaciones personales y profesionales.

Tips para conectar con una persona con Luna en Libra (conexión armónica)

Para conectarte con alguien que tenga la Luna en Libra, es esencial que valores la armonía y el equilibrio en la relación. Demuestra tu aprecio por la belleza y el arte, y mantén una actitud diplomática y amable en tus interacciones. Escucha activamente sus puntos de vista y facilítale un espacio para que se sienta segura al expresar sus emociones. Evita los conflictos y muestra tu disposición para colaborar y comprometerte en la relación.

Posibles dificultades: puede surgir indecisión y una tendencia a evitar el conflicto que afecten a la resolución de problemas.

Cómo potenciar la conexión: fomenta un ambiente armonioso y demuestra tu compromiso con la equidad y la justicia. Motiva la comunicación abierta y el compromiso mutuo y brinda soluciones equitativas para fortalecer el vínculo.

LUNA EN ESCORPIO:
la emoción intensa

Con tu Luna en Escorpio te sumerges en las profundidades de la emoción con una intensidad única. Eres una buscadora incansable de la verdad emocional que explora las capas más profundas de tu ser y de aquellos que eliges acercar a tu esfera emocional. La lealtad y la pasión son tus compañeras constantes, tejiendo una red emocional intrincada pero poderosa.

Experimentar emociones en su forma más intensa y significativa es esencial para ti. Las relaciones superficiales no satisfacen tu deseo de conexiones emocionales poderosas. Buscas la autenticidad y la entrega total en tus interacciones emocionales, en las que cada sentimiento se vive con una profundidad apasionada.

La verdad emocional es un pilar fundamental en tu mundo emocional. Anhelas comprender las capas más profundas de tus propias emociones y las de los demás. La sinceridad y la transparencia son clave en tus relaciones, ya que buscas la autenticidad emocional en cada interacción. La falta de honestidad puede generar desconfianza y afectar a tu conexión emocional.

Tu conexión emocional está impregnada de un magnetismo misterioso. Necesitas sentir ese toque intrigante en tus relaciones, en las que la profundidad emocional se mezcla con un aura de misterio. Este magnetismo no solo atrae a los demás, sino que también establece el tono para una concxión emocional única y poderosa.

La intimidad emocional es esencial para ti, pero no cualquier intimidad. Buscas la clase de conexión que surge cuando compartes tus emociones más profundas y oscuras. La vulnerabilidad es una puerta hacia la verdadera conexión emocional, y necesitas sentir que puedes abrirte de esa manera sin temor a juicios o traiciones.

La lealtad y la pasión son tus compañeras constantes en el viaje emocional. Necesitas relaciones duraderas y profundamente comprometidas. Como hemos visto, la falta de lealtad puede herir profundamente tu corazón emocional, mientras que la pasión constante alimenta el fuego de tus conexiones emocionales.

Te defines por tu capacidad para explorar las emociones más oscuras y transformarlas en poder. Necesitas un espacio donde puedas enfrentar y cambiar emociones intensas. La posibilidad de crecimiento emocional a través de las experiencias es esencial para tu bienestar emocional.

Las superficialidades no son para ti. Necesitas relaciones que vayan más allá de las capas externas y se sumerjan en lo más profundo. La conexión emocional se encuentra en la profundidad relacional, donde cada encuentro es una oportunidad para explorar nuevas dimensiones de las emociones.

Luces en tu Luna en Escorpio

- Posees una intensidad emocional que agrega profundidad y significado a tus relaciones. Tu capacidad para sentir y transformar emociones intensas es una fuente de poder emocional.

- La lealtad es una virtud que llevas en tu corazón. Te entregas por completo a las personas que consideras importantes, con las que construyes lazos emocionales sólidos.

- Eres una maestra en la capacidad de transformarte a través de las experiencias emocionales. Las crisis emocionales se convierten en oportunidades para renacer y crecer.

Sombras en tu Luna en Escorpio

- La sombra de tu Luna en Escorpio puede manifestarse como una desconfianza profunda hacia los demás. La necesidad de control emocional puede llevarte a cuestionar las intenciones de quienes te rodean.

- En momentos de desafío, la intensidad emocional puede volverse abrumadora y llevarte a la obsesión o a emociones negativas. Aprender a manejar esta intensidad es algo crucial.

- La tendencia a guardar secretos o dejar tus emociones en las sombras pueden dificultar tu conexión con los demás.

Cómo trabajar con la Luna en Escorpio en tu día a día

- Dedica tiempo a explorar tus propias emociones. La introspección te ayudará a comprender mejor tus deseos y a mantenerte conectada contigo misma.

- Practica la comunicación abierta y honesta en tus relaciones. Permitir que otros conozcan tus pensamientos y sentimientos fomentará una conexión más profunda.

- Desarrolla técnicas para gestionar la intensidad emocional. La meditación, la escritura o el ejercicio pueden ser formas efectivas de canalizar esa energía.

- Trabaja en cultivar la confianza. Reconoce que no todas las intenciones son oscuras. Permítete confiar y ser vulnerable cuando sea apropiado.

Tu Luna en Escorpio es un viaje emocional fascinante, en el que la transformación y la autenticidad se entrelazan. Encuentra la luz en las profundidades y el poder en la vulnerabilidad.

¡Sigue explorando las maravillas de tu mundo emocional con valentía!

EJEMPLO

Gabriela tiene una Luna en Escorpio en su carta natal, lo que significa que su mundo emocional está impregnado de una intensidad emocional profunda y una pasión ardiente. Tiene la capacidad de percibir la verdad oculta y se siente atraída por explorar las complejidades emocionales en sus relaciones. Gabriela valora la autenticidad y la intimidad, y busca una conexión emocional profunda y significativa en todos los aspectos de su vida.

Luces

- Gabriela destaca por su habilidad para sumergirse en las emociones más complejas y descubrir capas profundas de su mundo emocional y el de los demás, cualidades que la convierten en una confidente y consejera apreciada.
- Su aguda intuición le permite percibir las emociones ocultas y los motivos subyacentes en las interacciones humanas, lo que le proporciona una ventaja en el entendimiento emocional.
- Gabriela posee una determinación feroz y una fuerza de voluntad inquebrantable que la impulsan a superar los desafíos emocionales con valentía y resiliencia.

Sombras

- A veces la intensidad emocional de Gabriela puede manifestarse como celos o desconfianza, algo que puede afectar a la estabilidad emocional en sus relaciones íntimas y personales.
- Su deseo de mantener todo bajo control puede resultar en una resistencia a la vulnerabilidad y a ceder el poder en sus relaciones, lo que generará conflictos emocionales y obstaculizará la intimidad.
- En momentos de tensión emocional, Gabriela puede sentir la necesidad de retirarse y proteger su mundo emocional, con la consecuente dificultad para la construcción de lazos emocionales sólidos y duraderos.

Cómo trabaja Gabriela con su Luna en Escorpio

Gabriela ha estado trabajando en desarrollar una mayor confianza en sus relaciones y en cultivar una comunicación abierta y honesta con sus seres queridos. Al practicar la vulnerabilidad y la apertura emocional, ha aprendido a construir relaciones basadas en la confianza y el respeto mutuo. Al abrazar su capacidad de transformación y crecimiento emocional, Gabriela ha encontrado una mayor estabilidad y una autenticidad en sus interacciones personales, y ha cultivado conexiones emocionales más profundas y significativas en su vida.

Tips para conectar con una persona con Luna en Escorpio (conexión profunda)

Cuando te encuentres con alguien cuya Luna está en Escorpio prepárate para una conexión profunda y significativa. Demuestra tu capacidad para manejar la intensidad emocional y muestra tu compromiso con la honestidad y la autenticidad. Sé apasionada y misteriosa en tus interacciones y demuestra tu lealtad incondicional. Evita la superficialidad y la desconfianza, ya que aquellos que tienen la Luna en Escorpio valoran la honestidad y la conexión emocional profunda. Respeta su espacio y ten en cuenta que será clave que identifiquen qué quieren o necesitan, pues, si no lo hacen, pueden llegar a confundirte.

Posibles dificultades: puede haber desconfianza y una intensidad emocional abrumadora, lo que dificulta la creación de un entorno seguro y estable.

Cómo potenciar la conexión: cultiva la confianza a través de una comunicación honesta y auténtica. Respeta su necesidad de privacidad y demuestra tu compromiso con la lealtad y la profundidad emocional sin temor a explorar la intensidad de sus sentimientos.

LUNA EN SAGITARIO:
la emoción aventurera

Con tu Luna en Sagitario tu mundo emocional es tan vasto como el horizonte que buscas explorar. Eres una aventurera emocional, siempre en busca de experiencias que expandan tus límites y te conecten con la esencia más profunda de la vida. La libertad emocional es tu guía y anhelas una conexión que trascienda las fronteras y te lleve a nuevas alturas emocionales a través de la confianza.

Tu naturaleza optimista y entusiasta se refleja en tu enfoque de las emociones. Buscas la verdad emocional con una sed insaciable de conocimiento y comprensión. La autenticidad es esencial para ti y te sientes más conectada cuando puedes expresar tus emociones de manera abierta y sin restricciones.

La independencia emocional es una necesidad primordial. Anhelas la libertad de explorar tus propias emociones y permitir que los demás hagan lo mismo. Las restricciones emocionales pueden hacerte sentir atrapada y buscas relaciones que fomenten el crecimiento y la expansión mutua.

Luces de tu Luna en Sagitario

- Tu naturaleza optimista aporta una luz radiante a tus relaciones. Tu capacidad para encontrar la alegría incluso en las situaciones más desafiantes crea un ambiente emocional positivo y estimulante.

- Eres una buscadora de experiencias emocionales. Tu disposición para aventurarte en lo desconocido enriquece tus relaciones al agregar un toque emocionante y lleno de vida.

- Posees una comprensión filosófica de las emociones. Buscas significado y propósito en tus experiencias emocionales, lo que agrega profundidad y sabiduría a tus conexiones emocionales.

Sombras de tu Luna en Sagitario

- A veces tu entusiasmo puede llevarte a actuar de manera emocionalmente impulsiva. Sería útil equilibrar la emoción con la reflexión para evitar decisiones apresuradas.

- Tu deseo de libertad puede llevarte a resistirte a compromisos emocionales más profundos. Trabajar en la apertura a la conexión emocional a largo plazo será beneficioso. Recuerda, además, que nadie más que tú puede quitarte la libertad.

- Tu franqueza puede herir a otros sin intención. Practicar la empatía y la comunicación consciente te ayudará a expresar tus emociones de manera respetuosa.

Cómo trabajar con la Luna en Sagitario en tu día a día

- Dedica tiempo a explorar tus propias emociones. Puedes llevar un diario emocional o dedicar unos momentos cada día para reflexionar sobre cómo te sientes y por qué.

- Introduce la aventura en tu vida diaria. Esto no significa necesariamente grandes gestos, pero puedes buscar nuevas experiencias, desde probar alimentos nuevos hasta explorar lugares cercanos.

- Dedica tiempo a explorar la filosofía y la sabiduría. Puedes leer libros inspiradores, escuchar pódcast o participar en conversaciones significativas que amplíen tu comprensión emocional.

- Practica la comunicación abierta y honesta con tus seres queridos. Fomenta un ambiente donde todos puedan compartir sus emociones libremente. De este modo, promoverás una conexión más profunda y significativa.

Con estas prácticas, podrás abrazar la amplitud y la profundidad de tu Luna en Sagitario y permitirás que tu mundo emocional florezca con optimismo, aventura y comprensión filosófica.

Clara tiene una Luna en Sagitario en su carta natal, lo que significa que su mundo emocional está impregnado de una sed de aventura y de expansión emocional. Se siente atraída por el descubrimiento emocional y valora la libertad y la independencia en sus relaciones. Clara busca constantemente nuevas experiencias que amplíen su comprensión del mundo y le permitan crecer emocionalmente.

Luces

- Clara destaca por su actitud optimista y su capacidad para encontrar la alegría en las experiencias cotidianas y en sus interacciones emocionales, por lo cual suele convertirse en una compañía alegre y llena de vida.
- Su espíritu aventurero y su disposición a explorar nuevas ideas y conceptos emocionales la hacen excepcionalmente adaptable y abierta a experiencias emocionales enriquecedoras.
- Clara valora la autenticidad en sus relaciones y se esfuerza por ser honesta y directa en sus interacciones emocionales, lo que fomenta una conexión genuina y honesta con quienes la rodean.

Sombras

- A veces la naturaleza impulsiva de Clara puede llevarla a tomar decisiones emocionales apresuradas, y esto puede resultar en situaciones emocionales complejas y conflictivas.
- Su deseo de libertad e independencia hace que a veces se sienta reacia a comprometerse emocionalmente, de modo que se dificulta el establecimiento de relaciones estables y duraderas.
- En momentos de estancamiento emocional, Clara puede experimentar una sensación de inquietud y un deseo de cambio

constante, por lo que se puede ver afectada su capacidad para mantener relaciones emocionales a largo plazo.

Cómo trabaja Clara con su Luna en Sagitario

Clara ha estado trabajando en cultivar la paciencia y en desarrollar un enfoque más reflexivo hacia sus decisiones emocionales. Al practicar la comunicación clara y la empatía, ha aprendido a construir relaciones basadas en la confianza y el respeto mutuo. Al abrazar su capacidad de adaptación y crecimiento emocional, Clara ha encontrado una mayor estabilidad y autenticidad en sus interacciones personales y ha cultivado conexiones emocionales más profundas y significativas en su vida. Respecto a sus relaciones, ha aprendido a conectar y a mantener su libertad dentro de ellas.

Tips para conectar con una persona con Luna en Sagitario (conexión aventura)

Si estás interesada en conectar con alguien cuya Luna está en Sagitario, demuestra tu disposición para explorar y aventurarte a nuevos horizontes. Anima su espíritu aventurero y muestra interés en sus ideas y creencias. Mantén una mente abierta y evita ser demasiado posesiva, ya que valoran la libertad y la expansión personal en las relaciones. Comparte tus propias aventuras y muestra tu entusiasmo por el crecimiento personal y el aprendizaje continuo. Para esa persona serán clave la confianza y la libertad: recuerda que la libertad en la relación es lo que le da seguridad emocional.

Posibles dificultades: puede surgir una falta de compromiso y una tendencia a buscar constantemente la libertad, algo que puede afectar a la creación de estructuras estables en la relación, sobre todo si sienten que no la tienen en la relación.

Cómo potenciar la conexión: impulsa su espíritu aventurero y demuestra tu disposición para explorar nuevas ideas y perspectivas. Brinda un espacio para el crecimiento personal y demuestra tu respeto por su independencia, al mismo tiempo que estableces límites claros para fortalecer la relación.

LUNA EN CAPRICORNIO: la emoción persistente

Con tu Luna en Capricornio, tu mundo emocional está arraigado en la determinación, la ambición y la búsqueda de logros significativos. Eres una constructora emocional que trabaja diligentemente para edificar conexiones emocionales sólidas y duraderas. La estabilidad y el sentido de propósito son esenciales para ti, y buscas construir relaciones que se eleven sobre cimientos firmes. Desde que eras pequeña, tu necesidad emocional reside en la autosuficiencia.

Tu enfoque pragmático hacia las emociones se combina con una profunda lealtad y responsabilidad en tus relaciones. La honestidad emocional es esencial y tiendes a valorar la autenticidad y la integridad en tus interacciones. Necesitas sentirte segura y apoyada emocionalmente para permitir que tu verdadero ser se manifieste.

La realización personal a través de metas y logros emocionales es una necesidad fundamental. Anhelas construir un legado emocional significativo y buscas relaciones que contribuyan al crecimiento mutuo y al éxito compartido.

Luces con tu Luna en Capricornio

- Tu determinación y perseverancia emocional te permiten superar desafíos en las relaciones. Eres capaz de trabajar en equipo para construir un futuro emocional sólido y exitoso, pero no tienes problema si te toca trabajar sola.

- La lealtad es una de tus mayores fortalezas. Te comprometes profundamente con tus seres queridos, a los que ofreces apoyo y estabilidad emocional a lo largo del tiempo.

- Tu capacidad para establecer metas emocionales claras y perseguirlas agrega dirección y propósito a tus relaciones.

Sombras con tu Luna en Capricornio

- En algunas ocasiones puedes ser reacia a expresar tus emociones de manera abierta. Trabajar en compartir tus sentimientos será útil para fortalecer tus conexiones emocionales.

- Puedes ponerte una presión excesiva para tener éxito emocionalmente. Aprender a equilibrar la ambición con la aceptación y la paciencia puede aliviar la carga emocional.

- La necesidad de controlar las emociones y las situaciones puede llevar a la rigidez. Practicar la flexibilidad y la adaptabilidad emocional mejorará tus relaciones.

Cómo trabajar con la Luna en Capricornio en tu día a día

- Dedica tiempo a reflexionar sobre tus metas emocionales a corto y largo plazo. Establecer objetivos claros puede brindarte dirección y un sentido de logro emocional.

- Practica la comunicación abierta y directa con tus seres queridos. Expresa tus necesidades emocionales de manera clara y escucha las de los demás para fortalecer la comprensión mutua.

- Incorpora rutinas de cuidado personal en tu día a día. Planificar momentos para el autocuidado te permitirá recargar energías y mantener un equilibrio emocional saludable.

- Trabaja en ser más flexible emocionalmente. Si aceptas que no todo está bajo tu control y estás abierta a adaptarte, tus relaciones y tu bienestar emocional se verán fortalecidos.

Con estas prácticas, podrás construir un mundo emocional sólido y significativo con tu Luna en Capricornio. De este modo, lograrás fusionar la ambición con la autenticidad y cultivarás relaciones duraderas y exitosas. ¡Intenta que tu determinación te guíe hacia un crecimiento emocional constante!

EJEMPLO

Regina tiene una Luna en Capricornio en su carta natal, lo que significa que su mundo emocional está impregnado de una determinación férrea y una búsqueda constante de estabilidad y seguridad emocional. Se esfuerza por construir una base sólida en sus relaciones y valora la responsabilidad y el compromiso en todos los aspectos de su vida emocional.

Luces

- Regina destaca por su persistencia y dedicación en la búsqueda de sus objetivos emocionales, lo que la convierte en una figura confiable y estable en las vidas de quienes la rodean.
- Su capacidad para mantener la disciplina emocional la ayuda a superar los desafíos con una actitud reflexiva y pragmática, algo que le permite abordar las situaciones emocionales con madurez y cuidado.
- Regina valora la lealtad en sus relaciones y se esfuerza por construir vínculos emocionales duraderos y significativos basados en el compromiso mutuo y la confianza.

Sombras

- A veces la rigidez emocional de Regina puede dificultar su capacidad para adaptarse a situaciones emocionales cambiantes, y en estas ocasiones se produce una sensación de estancamiento o una falta de conexión emocional en sus relaciones.
- Su búsqueda constante de perfección puede hacer que sea demasiado crítica consigo misma y con los demás, de manera que se generan tensiones emocionales y se obstaculizan el crecimiento personal y relacional.
- En ciertos momentos, la resistencia de Regina a mostrar vulnerabilidad crea barreras emocionales en sus relaciones, lo que puede afectar a su capacidad para construir lazos emocionales profundos y auténticos.

Cómo trabaja Regina con su Luna en Capricornio

Regina ha estado trabajando en cultivar la empatía y la apertura emocional en sus relaciones, reconociendo la importancia de la vulnerabilidad y la conexión auténtica. Gracias a practicar la autocompasión y la aceptación, ha aprendido a equilibrar su deseo de perfección con una actitud más compasiva y comprensiva hacia sí misma y hacia los demás. Al abrazar su capacidad de perseverancia y crecimiento emocional, Regina ha encontrado una mayor estabilidad y autenticidad en sus interacciones personales y ha cultivado conexiones emocionales más profundas y significativas en su vida.

Tips para conectar con una persona con Luna en Capricornio (conexión responsable)

Para conectarte con alguien cuya Luna está en Capricornio, es esencial que demuestres tu compromiso con la responsabilidad y la estabilidad.

Muestra tu respeto por la disciplina y la ambición, y demuestra tu disposición para trabajar duro por tus metas y objetivos. Mantén una actitud seria y comprometida, y evita los comportamientos irresponsables o inmaduros, ya que valorará la seguridad y la estructura en las relaciones. Entiende que esta persona siempre ha necesitado hacerlo todo sola, lo que le ha dado seguridad.

Posibles dificultades: puede haber rigidez y una tendencia a ser demasiado seria, por lo que será más complicado lograr la expresión emocional y la espontaneidad.

Cómo potenciar la conexión: demuestra tu compromiso con

metas a largo plazo y fomenta la estabilidad y la responsabilidad. Impulsa su ambición y demuestra tu apoyo en la consecución de objetivos, al mismo tiempo que fomentas momentos de relajación y diversión para equilibrar su enfoque serio.

LUNA EN ACUARIO:
la emoción innovadora

Con tu Luna en Acuario, eres como una estrella en el firmamento emocional, irradiando originalidad y una pasión por la innovación. Tu mundo emocional es una amalgama de ideas vanguardistas y deseos intrépidos. Eres una buscadora de la verdad que explora las posibilidades más allá de los límites establecidos y abraza la singularidad en cada conexión que forjas.

La independencia es tu aliada constante. Necesitas la libertad para expresar tus emociones de manera auténtica y buscas relaciones que actúen como plataformas de crecimiento personal y exploración conjunta. Tu visión a futuro impulsa tu deseo de contribuir al progreso y la innovación, y encuentras belleza en la rareza y la autenticidad.

Tu conexión con las personas que te rodean se teje a través de la mente y la creatividad. Valoras la amistad profundamente y, en tus relaciones, buscas no solo compañeros, sino también mentes afines con las que puedas explorar nuevas ideas y perspectivas. La igualdad y la justicia son como faros en la noche que guían tus interacciones y te esfuerzas por construir un mundo emocional inclusivo y progresista.

Como visionaria, encuentras satisfacción en contribuir a un propósito más grande. Tu deseo de trascender lo convencional se refleja en tu capacidad para imaginar y trabajar hacia un futuro más luminoso y equitativo. Eres una líder que inspira a los demás a desafiar las normas y a abrazar su autenticidad.

Sin embargo, también debes tener en consideración que tu enfoque mental y progresista puede llevarte a parecer distante en el ámbito emocional. Es importante que encuentres el equilibrio entre tu deseo de independencia y la necesidad humana fundamental de conexión emocional profunda. Algunas veces tu mente llega a volar tan alto que puede ser un reto aterrizar en las emociones cotidianas, pero este desafío es asimismo una oportunidad para enriquecer tus relaciones con una comprensión más profunda y genuina.

Luces con tu Luna en Acuario

- Tu enfoque mental innovador aporta frescura y originalidad a tus relaciones. Eres capaz de ver más allá de lo convencional, fomentando la creatividad emocional.

- Tu deseo de contribuir al bienestar colectivo fortalece tus conexiones emocionales. Te involucras en relaciones que tienen un propósito más grande y buscas crear un impacto positivo.

- Tu capacidad para mantener tu independencia emocional permite relaciones saludables basadas en la autonomía y el respeto mutuo.

Sombras con tu Luna en Acuario

- En ocasiones, puedes parecer distante emocionalmente debido a tu enfoque racional. Trabajar en la expresión abierta de tus sentimientos fortalecerá tus conexiones.
- Puedes sentir la necesidad de espacio personal. Comunicarte sobre tus necesidades de forma transparente ayudará a mantener un equilibrio en tus relaciones.
- A veces puedes evitar el conflicto emocional, pero enfrentarlo de manera constructiva es esencial para el crecimiento emocional mutuo.

Cómo trabajar con la Luna en Acuario en tu día a día

- Dedica tiempo a explorar nuevas ideas y perspectivas. Las conversaciones estimulantes y las actividades creativas nutrirán tu mente y enriquecerán tus conexiones emocionales.
- Involúcrate en actividades sociales. Participar en causas significativas y proyectos colectivos satisfará tu deseo de contribuir.
- Practica la comunicación abierta y transparente en tus relaciones. Expresa tus pensamientos y sentimientos de manera clara y fomenta un diálogo honesto para construir conexiones más profundas.
- Dedica momentos diarios para la reflexión personal. Conectar contigo misma te permitirá comprender mejor tus necesidades emocionales y fortalecer tu autonomía.

Al integrar estas prácticas en tu vida diaria, podrás vivir plenamente tu Luna en Acuario. Construirás relaciones auténticas, innovadoras y llenas de significado.

¡Intenta que tu visión única y tu apertura emocional guíen tu viaje hacia conexiones más profundas y enriquecedoras!

EJEMPLO

Leticia tiene una Luna en Acuario en su carta natal, lo que significa que su mundo emocional está impregnado de una mentalidad progresista y una búsqueda constante de la conexión humana y la individualidad. Se siente atraída por las ideas innovadoras y valora la libertad y la autenticidad en sus relaciones. En definitiva, Leticia busca constantemente formas únicas de expresar sus emociones y de crear un entorno emocionalmente estimulante.

Luces

- Leticia destaca por su enfoque innovador y su capacidad para pensar de manera creativa en sus interacciones emocionales, lo que la convierte en una compañera estimulante y única.
- Su deseo de independencia y autonomía la impulsa a buscar conexiones auténticas y genuinas que fomenten el crecimiento personal y relacional.
- Leticia valora la empatía en sus relaciones y se esfuerza por comprender las experiencias emocionales de los demás, que contribuyen a una conexión emocional más profunda y significativa.

Sombras

- A veces el deseo de independencia de Leticia puede manifestarse como un distanciamiento emocional, algo que dificultaría la formación de relaciones emocionales estables y duraderas.
- Su búsqueda constante de singularidad emocional puede hacer que se sienta incomprendida o distante en ciertas interacciones, lo que quizá afecte a su capacidad para construir conexiones emocionales íntimas.
- En momentos de tensión, es posible que Leticia experimente dificultades para comprometerse plenamente en sus relaciones y, en ese caso, se pueden generar conflictos emocionales y obstaculizar la intimidad y la conexión.

Cómo trabaja Leticia con su Luna en Acuario

Leticia ha estado trabajando en cultivar la apertura y la comunicación emocional en sus relaciones, reconociendo la importancia de la autenticidad y la vulnerabilidad en la construcción de lazos emocionales auténticos. Al practicar la empatía y la escucha activa, ha aprendido a construir relaciones basadas en la confianza y el respeto mutuo. Al abrazar su capacidad de innovación y crecimiento emocional, Leticia ha encontrado una mayor estabilidad y autenticidad en sus interacciones personales y ha cultivado conexiones emocionales más profundas y significativas en su vida.

Tips para conectar con una persona con Luna en Acuario (conexión innovadora)

Si te encuentras con alguien cuya Luna está en Acuario, demuestra tu apertura a la originalidad y a la innovación. Motiva su individualidad y muestra interés en sus ideas vanguardistas y progresistas.

Mantén una mente abierta y evita imponer límites o restricciones, ya que las personas con la Luna en Acuario valoran la libertad y la independencia en las relaciones. Comparte tus propias ideas y proyectos originales y muestra tu entusiasmo por el cambio y la evolución personal.

Posibles dificultades: puede que haya una resistencia al compromiso y una necesidad de independencia extrema, lo cual dificulta la creación de un vínculo profundo, por esta razón es tan importante entender que su seguridad emocional reside en su libertad.

Cómo potenciar la conexión: demuestra tu apertura a ideas y experiencias innovadoras y brinda un espacio para la independencia y la individualidad. Fomenta una comunicación abierta y respetuosa y demuestra tu compromiso con el crecimiento personal y la evolución mutua.

LUNA EN PISCIS:
la emoción compasiva

Con tu Luna en Piscis, te sumerges en el océano profundo de las emociones con una sensibilidad única y una conexión espiritual. Eres como una artista de las emociones que teje sueños y comprende el lenguaje sutil de las corrientes emocionales. Tu mundo interior está lleno de imaginación, compasión y una capacidad única para sentir las energías que te rodean.

Tu conexión emocional es como una danza fluida entre el mundo tangible y el reino de los sueños. Buscas alcanzar la fusión con el todo, anhelando una conexión trascendental con las personas y el entorno que te rodea. La empatía fluye naturalmente en ti, algo que te permite sintonizar con las necesidades emocionales de los demás de una manera profunda y compasiva.

Necesitas momentos de retiro y soledad para recargar tus energías. El arte, la música y cualquier forma de expresión creativa son vías sagradas para ti, pues te proporcionan escape y sanación en tu mundo emocional. La conexión con lo espiritual es esencial y encuentras consuelo y orientación en las dimensiones más allá de lo visible.

Luces de tu Luna en Piscis

- Tu capacidad para sentir las emociones de los demás te hace ser una confidente y amiga excepcional. Puedes brindar apoyo emocional auténtico y comprensión a quienes te rodean.
- Tu imaginación sin límites alimenta una creatividad inspirada. Si canalizas tus emociones de manera artística, crearás obras que tocarán las fibras más profundas de quienes las experimentan.
- Tu naturaleza espiritual te conecta con algo más grande que tú. Encuentras consuelo y orientación en la espiritualidad, lo que te proporciona un faro en momentos de oscuridad.

Sombras de tu Luna en Piscis

- En momentos de estrés puedes tender a escapar de la realidad a través de la evasión emocional. Es importante que encuentres formas saludables de lidiar con la intensidad emocional sin perder el anclaje en la realidad.

- Tu sensibilidad extrema puede llevarte a ser demasiado vulnerable. Aprender a establecer límites emocionales te ayudará a proteger tu energía emocional y evitar el agotamiento.

- Existe el riesgo de idealizar a las personas y situaciones, lo que puede llevarte a decepciones emocionales. Practicar el discernimiento y ver las cosas con claridad contribuirá a que tengas relaciones más realistas.

Cómo trabajar con la Luna en Piscis en tu día a día

- Dedica momentos cada día a la reflexión y la conexión contigo misma a través de la meditación, la escritura o simplemente sumergiéndote en momentos de tranquilidad. Así encontrarás fortaleza en el silencio.

- Nutre tu alma a través de la expresión creativa. Pinta, escribe, baila o encuentra cualquier forma de arte que te permita moldear tus emociones y liberarlas de manera saludable.

- Cultiva tu conexión espiritual. Encontrarás consuelo y guía en lo trascendental a través de la práctica religiosa, la meditación espiritual o simplemente conectándote con la naturaleza.

- Aprende a establecer límites emocionales. Reconoce cuándo necesitas retirarte y recargar, y no temas decir «no» al sentir que tu energía emocional está en riesgo.

- Cultiva la gratitud diaria. Reconoce y agradece las bendiciones en tu vida y céntrate en lo positivo para mantener un equilibrio emocional saludable.

Si integras estas prácticas en tu vida diaria, podrás navegar las aguas emocionales con gracia y sabiduría, y aprovecharás la riqueza y la profundidad de tu Luna en Piscis.

¡Intenta que tus emociones sigan siendo una fuente de inspiración y crecimiento en tu viaje emocional!

EJEMPLO

Ana tiene una Luna en Piscis en su carta natal, lo que significa que su mundo emocional está impregnado de sensibilidad y compasión. Se siente atraída por lo intuitivo y lo místico, y valora la empatía y la conexión emocional en sus relaciones. Ana busca constantemente maneras de expresar su creatividad emocional y de nutrir un ambiente emocionalmente cálido y comprensivo.

Luces

- Ana destaca por su profunda empatía y su capacidad para comprender las emociones de los demás, cualidades que la convierten en una amiga comprensiva y cariñosa en las vidas de quienes la rodean.
- Su imaginación y su capacidad para expresar sus emociones de manera creativa le permiten construir conexiones emocionales profundas y auténticas basadas en la confianza y la comprensión mutua.

- Ana confía en su intuición para guiar sus interacciones emocionales y busca encontrar un equilibrio entre su mundo interior y las demandas del mundo exterior, lo que contribuye a una comprensión más profunda de su propio mundo emocional y el de los demás.

Sombras

- La sensibilidad de Ana puede hacerla vulnerable a las influencias externas. Algo así dificultaría el establecimiento de límites emocionales saludables y generaría tensiones en sus relaciones.
- Su deseo de ayudar y cuidar a los demás puede llevarla a descuidar sus propias necesidades emocionales, y esto a veces resulta en un desequilibrio emocional y en dificultades para mantener relaciones equilibradas.
- En momentos de estrés emocional, Ana puede experimentar una tendencia a escapar de la realidad a través de mecanismos de evasión emocional, algo que quizá afecte a su capacidad para afrontar desafíos y conflictos emocionales.

Cómo trabaja Ana con su Luna en Piscis

Ana ha estado trabajando en cultivar la autocompasión y el establecimiento de límites saludables en sus relaciones, reconociendo la importancia de equilibrar su compasión por los demás con la necesidad de cuidar de sí misma. Con la práctica de la comunicación clara y la empatía hacia sí misma, ha aprendido a construir relaciones basadas en la autenticidad y el respeto mutuo. Al abrazar su capacidad de empatía y crecimiento emocional, Ana ha encontrado una mayor estabilidad y autenticidad en sus interacciones personales y ha cultivado conexiones emocionales más profundas y significativas en su vida.

Tips para conectar con una persona con Luna en Piscis (conexión empática)

Cuando te encuentres con alguien cuya Luna está en Piscis, es esencial que demuestres tu sensibilidad y compasión. Valora su naturaleza intuitiva y creativa, y muestra tu disposición para brindar apoyo emocional cuando sea necesario. Mantén un ambiente tranquilo y relajante, y evita la confrontación directa, ya que valoran la armonía

Posibles dificultades: puede haber una tendencia a la evasión emocional y una sensibilidad excesiva, lo que dificulta la resolución de conflictos y la comunicación clara.

Cómo potenciar la conexión: cultiva la compasión y la empatía y demuestra tu disposición para escuchar y comprender sus necesidades emocionales. Del mismo modo, fomenta un espacio seguro para la expresión creativa y espiritual.

6

VENUS
POR SIGNOS

Imagina a Venus como la mejor amiga que siempre está ahí para recordarte lo increíble que eres. En la astrología, Venus es esa chispa que ilumina tu camino hacia el amor propio. Es como tener un equipo de apoyo celestial que te guía en el arte de amarte a ti misma.

Venus, la diosa del amor y la belleza, no solo gobierna tus relaciones románticas, sino también cómo te relacionas contigo misma. ¿Cómo te percibes cuando te miras en el espejo? ¿Cómo te mimas y cuidas de tu propio corazón? Tu Venus tiene las respuestas.

Cada signo de Venus es como un capítulo único en el libro de tu amor propio. Puede decirte si tiendes a expresar tu afecto de manera apasionada y directa o si prefieres cuidar de ti misma en silencio. Conocer tu Venus es como abrir una carta de amor cósmica en la que tú eres la destinataria.

Aquí está la magia: al entender tu Venus, puedes desatar un torrente de amor propio. Te ayuda a reconocer tus necesidades y a darte el cariño que mereces. Es como aprender a bailar bajo la luz de la luna, pero contigo como pareja principal. Al fin y al cabo, ¿no es AMARNOS lo que todas buscamos?

Sin embargo, el truco mágico de Venus no termina aquí. ¿Por qué es tan crucial para las relaciones? Porque cuando te amas con autenticidad te vuelves magnética. Atraes conexiones que resuenan con tu esencia y que te ayudan a crear relaciones más auténticas y satisfactorias.

En este capítulo te invito a descubrir tu Venus y a desvelar los secretos de tu amor propio. Permítete enamorarte de ti misma y verás cómo este romance cósmico transforma tu relación y también la forma en que te conectas con los demás. Después de todo, amarse es el prólogo perfecto para construir relaciones extraordinarias.

VENUS EN ARIES

Tener Venus en Aries en tu carta natal implica una dinámica energética única en tu expresión afectiva y de autoafirmación.

Venus en Aries tiene una inclinación hacia la expresión afectiva directa, impulsiva y ardiente. Tu capacidad para demostrar afecto se caracteriza por una franca manifestación de emociones, exenta de matices sutiles. Este fuego interno te impulsa a revelar tus deseos sin rodeos, con tu autenticidad en el primer plano de tu vida emocional, es decir, te lleva a coger las riendas y a conquistar.

La influencia de Venus en Aries se traduce en una tendencia innata a la toma de iniciativa y control en asuntos emocionales. Te encuentras cómoda liderando tus propias experiencias afectivas y asumes la conquista de tus deseos con determinación y valentía. La iniciativa se convierte en un vehículo para la afirmación personal.

Bajo esta configuración astral, el amor propio se convierte en una aventura constante. Venus en Aries te invita a explorar y desafiar tus propios límites emocionales. Cada logro personal y cada experiencia se convierten en episodios enriquecedores en tu viaje hacia un amor propio intrépido.

También destaca la valoración de la individualidad y la independencia. Te identificas con la fortaleza interna y la capacidad de valerte por ti misma. La autonomía se erige como un pilar fundamental en la construcción de tu relación contigo misma, donde la iniciativa y la independencia son veneradas.

En tus relaciones, ya sean amistades o románticas, tu atracción se inclina hacia personas fuertes, apasionadas y que reflejen tu propia valentía. Venus en Aries te guía a convertirte en tu propia compañera intrépida, con la fusión de la pasión y la determinación en una conexión interna sólida y apasionada.

Venus en Aries en tu carta natal te invita a abrazar tu fuego interior con una perspectiva audaz y amorosa. Cada día se presenta como una nueva aventura en la exploración y el empoderamiento de tu ser.

Punto de Venus en Aries para el amor propio

Luces: abrazar tu Venus en Aries es empoderarte con una valentía intrépida en la búsqueda del amor propio. Reconoces y celebras la determinación apasionada con la que persigues tus metas amorosas. Eres una fuerza de la naturaleza, modelas tu autenticidad con una llama interna que ilumina cada rincón de tu ser. Este posicionamiento te recuerda que mereces un espacio donde la audacia y la autenticidad reinen supremas.

Sombras: la sombra de la impaciencia puede emerger en ti. La necesidad de resultados rápidos puede eclipsar la profundidad emocional en la relación contigo misma. El desafío consiste en encontrar el equilibrio entre la urgencia apasionada y la conexión más profunda. La impaciencia puede convertirse en una llama ardiente que consume la esencia misma del amor propio, y esto impide el disfrute pleno del proceso.

Prácticas diarias para conectar con tu Venus en Aries

- Deja que la espontaneidad guíe tu día sin importar que las decisiones que tengas que tomar sean grandes o pequeñas. Sé audaz y auténtica en tu forma de actuar para alimentar así la llama de tu amor propio.

- La rutina no tiene espacio en tu vida personal ni amorosa. Busca pequeñas aventuras diarias que enciendan tu emoción y crea momentos que celebren la vida con ímpetu.

- Aborda el autocuidado con pasión y no como una tarea. Mímate y date amor de una manera que despierte tu fuego interno, y recuérdate a ti misma que mereces ser amada con la misma intensidad con la que amas.

Tips para relacionarte con una persona con Venus en Aries

- La independencia es su joya más preciada. Respeta su necesidad de liderar y de explorar su propia libertad con el fin de crear un espacio donde ambos puedan brillar en su singularidad.

- Construye conexiones a través de experiencias emocionantes y actividades espontáneas. La conexión se fortalece cuando ambos comparten la emoción de descubrir algo nuevo y crean recuerdos que alimentan la llama del amor.

- La honestidad es el lenguaje del amor. Habla abiertamente sobre tus deseos y expectativas para crear un espacio donde ambos podáis ser auténticos en vuestra búsqueda del amor propio y mutuo.

 EJEMPLO

Mujer alineada con Venus en Aries: Mar tiene Venus en Aries en su carta natal. Esto indica que es apasionada, independiente y directa en asuntos del amor. Tiende a tomar la iniciativa en el amor y busca emociones fuertes y desafíos románticos. A Mar le gusta la conquista y valora la espontaneidad en sus relaciones.

Prácticas sugeridas para Mar

- Continúa tomando la iniciativa en tus relaciones amorosas. Puedes sorprender a tu pareja con gestos espontáneos y aventureros.
- Comunica tus deseos y necesidades de manera clara. La honestidad y la franqueza son esenciales.
- Busca actividades y experiencias emocionantes con tu pareja. El aburrimiento puede ser un desafío, así que intenta mantener la chispa viva.

Mujer no alineada con Venus en Aries: Carmen tiene Venus en Aries en su carta natal, pero, debido a diversas experiencias de vida o patrones emocionales, puede no estar completamente alineada con las características típicas de este signo. Aunque en teoría es apasionada y directa en el amor, Carmen podría sentir ciertas inhibiciones o temores que limitan su expresión emocional.

Prácticas sugeridas para Carmen

- Trabaja en desarrollar una mayor independencia emocional y confianza en ti misma para expresar tus deseos y necesidades.
- Identifica y aborda cualquier miedo a la confrontación que pueda obstaculizar tu capacidad para expresar abiertamente sus sentimientos.
- Intenta tomar la iniciativa en situaciones románticas y no temas ser audaz en la expresión de tus sentimientos.

Estas prácticas pueden ayudar a Carmen a que se alinee más plenamente con las cualidades positivas de Venus en Aries y a que supere posibles obstáculos emocionales. Como siempre, ten en cuenta que la astrología es una herramienta interpretativa y que cada persona es única, con sus propias experiencias y circunstancias.

VENUS EN TAURO

Venus, la diosa del amor, que encuentra en Tauro su refugio (su signo regente), te guía hacia un enfoque práctico y paciente en el arte del romance. Representa tu capacidad para amar con los pies firmemente plantados en la tierra al buscar conexiones sólidas y duraderas. Tu amor es como un jardín floreciente donde la lealtad y la conexión profunda son las raíces que sustentan cada flor.

Con Venus en Tauro destacan las sutilezas de tus conexiones afectivas y, de manera igualmente relevante, la forma en que cultivas un amor propio arraigado en la sensualidad y la estabilidad.

Encuentras deleite en los placeres terrenales: la comida exquisita, los objetos artísticos y los recuerdos sensoriales. Tu relación con el mundo material se teje con aprecio por lo natural, lo relajado y lo sólido. En tu búsqueda de bienestar, el confort y la belleza tienen un lugar central.

La comodidad y la autosuficiencia se alzan como pilares fundamentales en tu filosofía de vida. Venus en Tauro te guía a apreciar el bienestar material y a buscar la cercanía que solo la estabilidad emocional puede brindar. Tu amor propio se nutre de la satisfacción de tus necesidades fundamentales.

La demostración de afecto se viste con una elegancia sensorial bajo su influencia. Tu expresión afectiva se manifiesta de forma física, atenta, dulce y cariñosa. Eres una seductora natural, dotada de una sensualidad que envuelve a quienes te rodean, fascinándolos con tu calidez y cuidado.

En el ámbito romántico prefieres caminar con paso firme hacia relaciones significativas en lugar de sucumbir a encuentros esporádicos. La estabilidad y la construcción gradual son tu enfoque, tejidos con paciencia y dedicación. Venus en Tauro te invita a saborear cada fase de la conexión y te ayuda a cultivar raíces emocionales profundas.

Sin embargo, Venus en Tauro también señala un desafío: la tendencia a la rigidez cuando las expectativas no se cumplen. La firmeza en tus deseos y necesidades es valiosa, pero encontrar flexibilidad cuando las circunstancias difieren de tus expectativas se convierte en una lección crucial en tu viaje de autoamor.

Venus en Tauro en tu carta natal es una llamada a la elegancia sensorial y a la construcción gradual de conexiones duraderas y te ayuda a que cada encuentro, ya sea contigo misma o con otros, sea una experiencia de deleite, arraigada en la estabilidad y nutrida por el amor propio que florece en la sensualidad y la paciencia.

Punto de Venus en Tauro para el amor propio

Luces: en el espejo de tu Venus en Tauro descubres una fuerza serena que abraza la estabilidad. Reconoces y celebras tu habilidad para construir raíces profundas en la búsqueda del amor propio. Eres una maestra en el arte de la paciencia. Y recuerda que mereces un espacio donde la lealtad y la conexión duradera florezcan.

Sombras: la sombra de la terquedad puede emerger en ti. La resistencia al cambio es probable que se convierta en una barrera para la fluidez en tus relaciones contigo misma. El desafío radica en mantener la estabilidad sin caer en la rigidez y en permitir que las estaciones del crecimiento personal fluyan con gracia.

Prácticas diarias para conectar con tu Venus en Tauro

- Abraza las delicias sensoriales de la vida. Disfruta de los placeres físicos y encuentra la belleza en la estabilidad cotidiana para crear un entorno que nutra tu amor propio. Permítete disfrutar en tu día a día.

- Cultiva la gratitud por las pequeñas cosas y acepta las transformaciones inevitables con serenidad. Sé consciente de que cada cambio es una nueva fase en el florecimiento de tu amor propio.

- No veas el autocuidado como una obligación y abórdalo con cariño. Mímate y date amor de una manera que celebre tu singularidad, de forma que te recuerdes a ti misma que mereces ser amada con la misma constancia con la que amas. Acepta que el placer está en las cosas sencillas.

Tips para relacionarte con una persona con Venus en Tauro

- La lealtad y la estabilidad son sus pilares. Muestra aprecio por la seguridad emocional y la constancia para crear un espacio donde ambos podáis confiar y crecer.

- Construye conexiones a través de experiencias sensoriales. Comparte momentos que despierten los sentidos y celebren la riqueza de la vida, creando recuerdos que alimentan las raíces del amor.

- Sé paciente y valora la conexión profunda. Permitíos construir lentamente una base sólida y reconoced que el amor genuino necesita tiempo para florecer y crecer.

Mujer alineada con Venus en Tauro: Carla tiene Venus en Tauro en su carta natal. Esto sugiere que es una persona sensual, paciente y orientada hacia la estabilidad en el amor. A Carla le gusta tomarse su tiempo para construir relaciones sólidas y duraderas. Disfruta de las comodidades, de la buena comida o de una bonita puesta de sol con amigas en la playa.

Prácticas sugeridas para Carla

* Reconoce y aprecia el valor de tomarse el tiempo necesario para construir relaciones sólidas.
* Busca la conexión con la naturaleza y los cinco sentidos. Disfruta de las experiencias sensoriales, como una buena comida o un entorno tranquilo.
* Muestra amor a través de gestos tangibles, como regalos significativos o actos de servicio que demuestren tu compromiso y lealtad.

Mujer no alineada con Venus en Tauro: Laura también tiene Venus en Tauro en su carta natal, pero, debido a sus experiencias personales o patrones emocionales, puede no estar plenamente alineada con las características típicas de este signo. A pesar de tener Venus en Tauro, Laura podría experimentar inseguridades o impaciencia en sus relaciones amorosas.

Prácticas sugeridas para Laura

* Tómate el tiempo que haga falta para explorar y comprender tus propias necesidades y deseos emocionales.
* Desarrolla estrategias para manejar la impaciencia y permitir que las relaciones se desarrollen de manera natural.

- Trabaja en la construcción de una sensación interna de estabilidad y seguridad, independientemente de las circunstancias externas.

Estas prácticas pueden ayudar a Laura a alinearse más plenamente con las cualidades positivas de Venus en Tauro y a superar posibles obstáculos emocionales.

VENUS EN GÉMINIS

La diosa del amor, Venus, que encuentra en Géminis su espacio de juego, te inspira a amar con curiosidad y comunicación. Eres la tejedora de palabras y la exploradora de mentes, y buscas conexiones llenas de diversidad y estimulación mental.

Cultivas un amor propio ingenioso y fluido, enriquecido por la danza de la mente y la apreciación de los placeres intelectuales.

Con Venus en Géminis encuentras agrado en los placeres intelectuales, en los que la mente se convierte en tu terreno de juego más fascinante. Tu amor propio florece en el intercambio de ideas, la exploración de conceptos innovadores y el disfrute de la riqueza que la inteligencia pueda ofrecer, ya sea un libro nuevo, un curso o una conversación interesante y rica.

La inteligencia es tu tesoro supremo. Venus en Géminis te guía a valorar la agilidad mental y la capacidad de explorar el vasto universo del conocimiento. Tu amor propio se nutre de la sensación de estar en sintonía con las complejidades del pensamiento y la curiosidad insaciable que caracteriza tu ser.

Dotada de una rapidez mental admirable, tu amor propio se envuelve en un sentido del humor chispeante y una sociabilidad que despierta conexiones vibrantes. Tu encanto social, mezclado con carisma, se convierte en una expresión única de cómo te relacionas contigo misma y con el mundo que te rodea.

En el terreno romántico, Venus en Géminis revela una atracción por lo joven, fresco y variado. La curiosidad en temas de amor se convierte en tu guía, explorando la diversidad de experiencias emocionales. Tu amor propio se enriquece cuando permites que la variabilidad sea una parte esencial de tu autenticidad.

Eres una seductora nata y despliegas tu encanto social con una gracia innata. Venus en Géminis te insta a abrazar tu carisma, haciendo que cada interacción contigo misma sea una danza encantadora de aprecio por tu singularidad.

Sin embargo, Venus en Géminis también señala un desafío: la intermitencia afectiva y los gustos cambiantes. La fluidez en tus afectos y preferencias constituye una lección clave en tu viaje de autoamor. Aprender a equilibrar la recepción y la expresión se convierte en un arte valioso para nutrir tu amor propio.

Por último, te invita a bailar en la mente, a disfrutar de la melodía de tu inteligencia y a abrazar la diversidad de tus gustos y afectos.

Intenta que cada día sea una sinfonía, donde tu amor propio florezca en la curiosidad y el encanto de tu ser.

Punto de Venus en Géminis para el amor propio

Luces: bajo la luz de tu Venus en Géminis descubres la magia de tu mente versátil y curiosa. Celebras tu capacidad para amar con una mentalidad abierta y la habilidad de disfrutar de la diversidad en el amor propio. Eres como una mariposa que explora cada rincón de tu ser con una curiosidad encantadora.

Sombras: la sombra de la superficialidad puede emerger en ti. La necesidad constante de novedad a veces dificulta la profundización en tus relaciones contigo misma. El desafío consiste en buscar el equilibrio y en permitir que tu mente versátil coexista con la profundidad emocional que anhelas.

Prácticas diarias para conectar con tu Venus en Géminis

- Abraza la maravilla de tu mente versátil. Ejercita tu mente a diario: sumérgete en la lectura, la escritura o cualquier actividad que estimule tu intelecto y que nutra tu amor propio.

- Cultiva la habilidad de escuchar activamente. En tus interacciones contigo misma permite que la diversidad de tus pensamientos sea escuchada. Crea así un espacio donde cada aspecto de ti se sienta valorado.

- No veas el autocuidado como una tarea superficial, sino con una mente abierta y apreciativa. Mímate y date amor de una manera que celebre tanto la diversidad de tu mente como la estabilidad emocional que anhelas.

Tips para relacionarte con una persona con Venus en Géminis

- La mente es su territorio de juego. Mantén conversaciones interesantes que despierten su curiosidad y celebren la diversidad de pensamientos.

- La alegría y la ligereza son esenciales. Sé juguetona en tus interacciones, comparte risas y disfruta del juego constante de la comunicación.

- Aprecia su mente brillante y curiosa. Permítele espacio para explorar y nutrir su creatividad con el fin de construir una conexión que celebre la riqueza de la mente y del alma.

EJEMPLO

Mujer alineada con Venus en Géminis: Martina tiene Venus en Géminis en su carta natal. Esto sugiere que es una persona curiosa, comunicativa y versátil en el amor. Le gusta la estimulación mental y disfruta de conversaciones interesantes. Puede encontrar la variedad emocionante y buscar relaciones que le ofrezcan tanto conexión mental como emocional.

Prácticas sugeridas para Martina

- Busca relaciones que estimulen tu mente y que te den la oportunidad de participar en conversaciones interesantes y variadas.

- Utiliza la comunicación verbal para expresar tus sentimientos y así mantener una conexión emocional a través de palabras cariñosas.

- Es importante que te abras a diferentes tipos de relaciones y que disfrutes de la diversidad en el amor.

Mujer no alineada con Venus en Géminis: Graciela también tiene Venus en Géminis en su carta natal, pero, debido a sus experiencias o patrones emocionales, puede no estar plenamente alineada con las características típicas de este signo. A pesar de tener Venus en Géminis, Graciela podría enfrentar desafíos en la comunicación o la estabilidad emocional.

Prácticas sugeridas para Graciela

- Trabaja en mejorar tus habilidades de comunicación para expresar de manera clara y efectiva tus pensamientos y sentimientos.
- Enfócate en la construcción de relaciones emocionalmente estables y duraderas para encontrar un equilibrio entre la variedad y la consistencia.
- Experimenta con diferentes formas de conexión emocional que vayan más allá de la comunicación verbal, como gestos de afecto tangibles.
- Estas prácticas pueden ayudar a Graciela a alinearse más plenamente con las cualidades positivas de Venus en Géminis y a superar posibles obstáculos emocionales.

VENUS EN CÁNCER

La diosa del amor, Venus, que encuentra en Cáncer su hogar emocional, te inspira a amar con sensibilidad y protección. Eres la guardiana del afecto y la arquitecta de vínculos emocionales que busca conexiones que fluyan como las olas del océano.

Venus en Cáncer despliega la historia encantadora de tu relación con el amor propio arraigado en la intimidad, la conexión emocional y el cálido abrazo de lo hogareño.

Con Venus en Cáncer, el placer se encuentra en lo íntimo y hogareño. Tu amor propio florece en los detalles estéticos del entorno íntimo, donde la estética interior y la calidez del hogar se convierten en piezas fundamentales de tu autoafirmación.

La esencia de Venus en Cáncer se revela en la valoración de los lazos emocionales y la sensibilidad. Tu amor propio se nutre de la conexión emocional, el cariño y la expresión genuina de tus sentimientos. La ternura y la calidez caracterizan tu manera única de relacionarte contigo misma.

Venus en Cáncer te insta a ser maternal y protectora, no solo con los demás, sino también contigo misma. La tendencia a asumir un papel más maternal que de pareja se manifiesta en cómo te cuidas y nutres internamente. Este cuidado amoroso es un componente clave de tu amor propio.

En el reino del amor, Venus en Cáncer revela una inclinación hacia el romanticismo y el sentimentalismo. Tu capacidad de sumergirte en las profundidades emocionales te guía a través de una danza romántica, donde cada gesto lleva consigo la melodía de tus sentimientos más profundos.

La búsqueda de seguridad y relaciones duraderas define tu enfoque romántico. Venus en Cáncer te guía a construir relaciones que ofrezcan estabilidad emocional y seguridad. Tu amor propio florece cuando te permites crear un nido basado en relaciones profundas y duraderas.

Venus en Cáncer te insta a bajar las defensas y a crear intimidad a través del acercamiento afectivo. Tu arte de seducción radica en la conexión emocional, en la que cada gesto es una expresión de amor profundo.

Sin embargo, Venus en Cáncer también señala un desafío: la posibilidad de relaciones dependientes y el miedo al desapego. Aprender a equilibrar la conexión emocional con la independencia se convierte en una lección clave en tu viaje de autoamor.

Venus en Cáncer en tu carta natal te invita a acunar el amor propio, a abrazar la dulzura de las emociones y a construir un refugio interno de autoafirmación.

Procura que cada día sea una expresión de cariño hacia ti misma, donde tu amor propio florezca en la ternura y la conexión emocional de tu ser.

Punto de Venus en Cáncer para el amor propio

Luces: bajo la luz de tu Venus en Cáncer descubres la magia de tu corazón compasivo y protector. Celebras tu capacidad para amar con una profunda conexión emocional y la habilidad de nutrir tu propio ser. Eres como la luna, iluminando tu amor propio con la suavidad de su luz.

Sombras: la sombra del apego emocional puede emerger en ti. La necesidad de seguridad puede a veces dificultar la independencia en tus relaciones contigo misma. El desafío radica en encontrar equilibrio para así permitir que tu amor se nutra por la conexión emocional sin restricciones.

Prácticas diarias para conectar con tu Venus en Cáncer

- Abraza la magia de tu corazón hogareño. Crea un espacio acogedor para ti misma y llénalo con elementos que te brinden seguridad emocional y comodidad.

- Cultiva la autocompasión diariamente. En tus interacciones contigo misma, permite que el flujo de emociones sea un acto de amor y crea un espacio donde cada sentimiento sea aceptado y nutrido.

- No veas el autocuidado como una obligación: abórdalo con cariño y ternura. Mímate y date amor de una manera que celebre la delicadeza de tu corazón. Del mismo modo, recuérdate a ti misma que mereces ser amada con la misma suavidad con la que amas.

Tips para relacionarte con una persona con Venus en Cáncer

- El consuelo es su lenguaje. Ofrece apoyo emocional y crea un espacio donde pueda expresar sus sentimientos con libertad y seguridad.

- Construye conexiones a través de momentos íntimos. Comparte experiencias que nutran la conexión emocional para así crear recuerdos que fluyan como las suaves mareas del amor.

- Aprecia su sensibilidad y ternura. Permítele espacio para expresar sus emociones de manera auténtica, de forma que pueda construir una conexión que celebre la riqueza de los sentimientos y del amor.

Mujer alineada con Venus en Cáncer: Camila tiene Venus en Cáncer en su carta natal. Esto sugiere que es una persona emocionalmente receptiva, cariñosa y orientada hacia la familia en el amor. Camila valora la seguridad emocional y se siente más cómoda cuando hay un fuerte vínculo emocional en sus relaciones. Disfruta de la intimidad y encuentra satisfacción en cuidar y ser cuidada.

Prácticas sugeridas para Camila

- Busca relaciones que fomenten la intimidad emocional y la conexión profunda.
- Enfócate en construir un entorno seguro y estable en tus relaciones para poder expresar abiertamente tus sentimientos.
- Practica el cuidado mutuo y la atención a las necesidades emocionales de tu pareja y de ti misma.

Mujer no alineada con Venus en Cáncer: Nuria también tiene Venus en Cáncer en su carta natal, pero, debido a experiencias personales o patrones emocionales, puede no estar completamente alineada con las características típicas de este signo. A pesar de tener Venus en Cáncer, Nuria podría enfrentar desafíos para expresar sus emociones o sentirse insegura en el ámbito emocional.

Prácticas sugeridas para Nuria

- Tómate el tiempo necesario para explorar y comprender tus propias emociones para así permitirte una expresión más auténtica.
- Trabaja en la construcción de una sensación interna de seguridad emocional, independientemente de las circunstancias externas.
- Practica la comunicación abierta y directa sobre las necesidades y deseos emocionales, y supera así posibles reservas.

VENUS EN LEO

La diosa del amor, Venus, que encuentra en Leo su reino, te inspira a amar con una generosidad teatral y un magnetismo radiante. Eres la reina del escenario del corazón, buscando conexiones que brillen como estrellas en la noche.

Venus en Leo cultiva un amor propio lleno de luz, creatividad y una inquebrantable conexión con tu esencia auténtica.

Con Venus en Leo, el placer se encuentra en la diversión y en ser el centro del escenario de tu propia vida. Tu amor propio florece en una radiante luz y disfrutas del halago y la creatividad. Disfrutas celebrando la magnificencia de tu ser.

La esencia de Venus en Leo resplandece en la valoración de la creatividad y la autenticidad. Tu amor propio se nutre de la expresión creativa, la originalidad y la lealtad a tu auténtico ser. La autenticidad se convierte en el telón de fondo de tu autoafirmación.

En el ámbito romántico, Venus en Leo revela una atracción por la pasión y el carisma. Tu corazón se inclina hacia personas creativas, carismáticas, exitosas y llenas de plenitud. La búsqueda de una conexión profunda se fusiona con el deseo de compartir el escenario de la vida con alguien igualmente extraordinario.

Te gusta exponerte para revelar tu esplendor de manera teatral y magnífica. Venus en Leo te impulsa a disfrutar de la exposición, desde lo maravillosa que eres hasta los placeres de la vida. Los sitios sibaritas, la ópera, los espectáculos y el lujo se convierten en tu escenario.

Venus en Leo revela una independencia fuerte frente a las influencias externas. No te dejas llevar fácilmente por las opiniones de los demás, ya que la verdadera luz de tu ser brilla desde dentro. La autoafirmación se construye desde tu esencia interna y auténtica.

Eres una buena anfitriona de fiestas, te deleitas en dirigir la experiencia de placer de manera directiva. Venus en Leo guía tu capacidad para disfrutar y celebrar, no solo las grandes ocasiones, sino también los momentos cotidianos, que se llenan con la magia del autoamor.

Sin embargo, Venus en Leo también señala un desafío: la necesidad de reconocimiento y la autoexigencia. Aprender a encontrar la luz interna sin depender demasiado del aplauso externo se convierte en una lección crucial en tu viaje de autoamor.

Venus en Leo en tu carta natal te invita a brillar en el escenario del amor propio, a celebrar tu autenticidad con luz propia y a dirigir la danza encantadora de tu vida con audacia.

Procura que cada día sea una obra maestra, donde tu amor propio resplandezca en la magnificencia de tu ser.

Punto de Venus en Leo para el amor propio

Luces: bajo la luz de tu Venus en Leo, descubres la magia de tu corazón apasionado y carismático. Celebras tu capacidad para amar con una generosidad teatral y la habilidad de irradiar confianza en tu ser. Eres como el sol, que iluminas tu amor propio con un brillo único y magnético.

Sombras: la sombra del deseo de reconocimiento puede emerger en ti. La necesidad de admiración puede a veces dificultar la autenticidad en tus relaciones contigo misma. El desafío radica en encontrar equilibrio, permitiendo que tu amor brille sin depender completamente de la aprobación externa.

Prácticas diarias para conectar con tu Venus en Leo

- Abraza la magia de tu esplendor único. Muestra tu autenticidad diariamente para permitir que tu luz interna brille con confianza y carisma.

- En tus interacciones contigo misma, permítete destacar y celebrar tus logros y virtudes. De esta manera crearás un espacio donde tu amor propio florezca con esplendor.

- Mímate y date amor de una manera que celebre la grandeza de tu ser. Recuérdate a ti misma que mereces ser amada con la misma magnificencia con la que amas.

Tips para relacionarte con una persona con Venus en Leo

- La admiración es su alimento. Ofrece elogios sinceros y reconoce su brillantez única. Crea un espacio donde pueda brillar con confianza.

- Construye conexiones a través de experiencias espectaculares. Comparte momentos que resalten la belleza y el drama, y crea recuerdos que sean tan grandiosos como su corazón.

- Aprecia su confianza y carisma. Permítele ser el centro del escenario en ocasiones y celebra la grandeza de su corazón con el fin de construir una conexión que celebre la riqueza del amor y la autenticidad.

EJEMPLO

Mujer alineada con Venus en Leo: Leonor tiene Venus en Leo en su carta natal. Esto sugiere que es una persona apasionada, carismática y generosa en el amor. Leonor disfruta siendo el centro de atención y valora las demostraciones de afecto y admiración. En sus relaciones, busca la emoción y el brillo, y se siente realizada cuando puede expresar su creatividad y recibir elogios.

Prácticas sugeridas para Leonor

- Busca oportunidades para expresar tu creatividad en el amor, ya sea a través de gestos artísticos o demostraciones de cariño únicas.
- Anímate a ser valiente y a expresar abiertamente tus sentimientos. Permite que tu generosidad y tu pasión brillen.
- Valora las relaciones donde ambos miembros os admiréis y os reconozcáis para fomentar la autoexpresión y la confianza.

Mujer no alineada con Venus en Leo: Laura también tiene Venus en Leo en su carta natal, pero, debido a experiencias personales o patrones emocionales, puede no estar completamente alineada con las características típicas de este signo. A pesar de tener Venus en Leo, Laura podría experimentar inseguridades en el aspecto emocional o tener dificultades para recibir atención.

Prácticas sugeridas para Laura
- Trabaja en el desarrollo de la autoconfianza y la autoestima para sentirte más segura en la expresión de tus sentimientos y deseos.
- Experimenta con diversas formas de expresión creativa para descubrir cómo puedes destacar y brillar en tus propias cualidades únicas.
- Practica la aceptación de elogios y reconocimientos. Permite que la generosidad y la admiración sean parte integral de tus relaciones.

Estas prácticas pueden ayudar a Laura a alinearse más plenamente con las cualidades positivas de Venus en Leo y a superar posibles obstáculos emocionales.

VENUS EN VIRGO

La diosa del amor, Venus, que encuentra en Virgo su santuario, te inspira a amar con cuidado meticuloso y una conexión profunda con la esencia misma de la vida. Eres la artesana del amor y buscas conexiones que sean tan perfectas y detalladas como una obra maestra. El amor se convierte en una danza de pureza y compromiso.

Venus en Virgo despliega la narrativa de tu amor propio, tejida con la práctica perfección y la búsqueda de la integridad interior. En esencia, ilustra cómo cultivas un amor propio basado en la entrega independiente y la atención meticulosa a los detalles.

Con Venus en Virgo, el valor reside en la integridad interior y la entrega independiente. Tu amor propio florece en la práctica perfección, donde la autenticidad y la dedicación se entrelazan para crear una expresión única de tu ser.

Te inclinas hacia una relación práctica y compartes desde lo técnico. Venus en Virgo guía tu búsqueda de conexiones basadas en la funcionalidad y el compartir desde las acciones y el ámbito técnico. La practicidad se convierte en la esencia de tu autoafirmación.

La tendencia a fijarte en los detalles minuciosos define tu enfoque. Venus en Virgo te impulsa a observar cada aspecto de la vida con una precisión meticulosa, desde las acciones diarias hasta las relaciones más íntimas. La atención a los detalles se convierte en un arte.

Te gusta controlar y buscas la organización como fuente de placer. Venus en Virgo te insta a encontrar la armonía en la estructura y la eficiencia en el control.

Eres seducida por modales refinados y detalles prácticos. Venus en Virgo destaca tu aprecio por la elegancia en la simplicidad y la sofisticación en los detalles prácticos. La conexión emocional se expresa a través de gestos precisos y cuidado práctico.

Tu placer radica en la organización y la mejora continua. Venus en Virgo te guía a encontrar satisfacción en cada ajuste y a disfrutar del proceso de perfeccionamiento. Cada paso hacia la mejora se convierte en un acto de autoamor.

La crítica continua se abraza como un elemento enriquecedor. Venus en Virgo te invita a ver la crítica como una herramienta para mejorar, una vía para pulir la autenticidad. Este proceso crítico se convierte en una faceta crucial.

El desafío se encuentra en aprender a aceptar la realidad del otro, no solo su potencial. Venus en Virgo te guía a ceder el control, disfrutar y permitir que la realidad, con sus imperfecciones, enriquezca tus conexiones.

Venus en Virgo en tu carta natal te invita perseguir la práctica perfección, a encontrar la belleza en los detalles cotidianos y a cultivar un amor propio basado en la entrega independiente y el discernimiento.

Punto de Venus en Virgo para el amor propio

Luces: bajo la luz de tu Venus en Virgo, descubres la magia de tu amor meticuloso y devoto. Celebras tu capacidad para amar con una atención precisa y la habilidad de encontrar la belleza en los detalles más pequeños. Eres como un jardín cuidado con esmero que florece con la perfección de lo simple.

Sombras: la sombra de la autocrítica puede emerger en ti. La búsqueda constante de perfección puede a veces dificultar la aceptación en tus relaciones contigo misma y los demás. El desafío radica en encontrar equilibrio para permitir que tu amor propio florezca sin condiciones.

Prácticas diarias para conectar con tu Venus en Virgo

• Abraza la magia de la atención meticulosa. Cuida los detalles en tu vida diaria y permite que la perfección emerja de la atención amorosa a cada aspecto de tu ser.

- Cultiva la autocompasión diariamente. En tus interacciones contigo misma permite que cada imperfección sea un recordatorio de tu humanidad con el fin de crear un espacio donde la aceptación florezca.

- No veas el autocuidado como una tarea complicada. Mímate y date amor de una manera que celebre la sencillez y la pureza de tu ser. Recuérdate a ti misma que mereces ser amada con la misma atención que brindas.

Tips para relacionarte con una persona con Venus en Virgo

- El reconocimiento detallado es su lenguaje. Ofrece elogios y agradecimientos específicos y reconoce la atención y el cuidado meticuloso que aporta.

- Construye conexiones a través de experiencias simples y significativas. Comparte momentos que resalten la belleza en la simplicidad y crea recuerdos que reflejen la pureza del amor.

- Aprecia su atención y cuidado. Permítele expresar su amor a través de acciones prácticas y celebra la belleza que emerge de su devoción. Construye así una conexión que celebre la riqueza de la simplicidad y el compromiso.

EJEMPLO

Mujer alineada con Venus en Virgo: Natalia tiene Venus en Virgo en su carta natal. Esto sugiere que es una persona práctica, detallista y servicial en el amor. A Natalia le gusta expresar su amor a través de acciones concretas y cuidados diarios. Busca relaciones que sean saludables y funcionales, en las que pueda ayudar y ser de utilidad. Valora la sinceridad y la honestidad en las relaciones.

Prácticas sugeridas para Natalia

- Enfócate en demostrar amor a través de acciones prácticas y servicios, como cuidar de la salud de tu pareja o ser útil en la vida diaria.
- Valora la comunicación clara y abierta en las relaciones. Expresa tus necesidades de manera práctica y directa.
- Incorpora prácticas saludables en las relaciones, promoviendo el bienestar físico y emocional mutuo.

Mujer no alineada con Venus en Virgo: Valentina también tiene Venus en Virgo en su carta natal, pero, debido a experiencias personales o patrones emocionales, puede no estar completamente alineada con las características típicas de este signo. A pesar de tener Venus en Virgo, Valentina podría enfrentar desafíos para expresar sus emociones de manera práctica o podría ser demasiado crítica consigo misma y con los demás.

Prácticas sugeridas para Valentina

- Trabaja en desarrollar la autocompasión y reducir la autocrítica excesiva. Acepta las imperfecciones que hay en ti misma y en los demás.
- Mira y aprecia las cualidades positivas en las relaciones en lugar de centrarte en los detalles negativos. Es importante que lo tengas en cuenta incluso contigo misma.
- Aprende a expresar tus emociones de manera más directa y práctica. Evita el exceso de análisis o crítica.

Estas prácticas pueden ayudar a Valentina a alinearse más plenamente con las cualidades positivas de Venus en Virgo y a superar posibles obstáculos emocionales.

VENUS EN LIBRA

La diosa del amor, Venus, que encuentra en Libra su escenario, te inspira a amar con equilibrio y belleza estética. Eres la embajadora del amor, buscas conexiones que sean tan hermosas como una sinfonía bien orquestada. En este rincón celeste, el amor se convierte en un ballet de simetría y entendimiento.

Venus en Libra revela la trama encantadora de tu amor propio, donde la danza armónica del amor se teje con la complementariedad, la escucha y la búsqueda de armonía. Cultivas un amor propio basado en la comunión y la belleza en todas sus formas.

Con Venus en Libra, las relaciones se tejen desde la complementariedad y la escucha. Tu amor propio florece en la compenetración de ambas partes, donde la atención y la armonía son la base de tus conexiones emocionales y, por ende, de tu autoafirmación.

El amor se entiende desde la compenetración de ambas partes. Venus en Libra guía tu perspectiva y ves el amor como una danza entre dos almas que se entrelazan en una sinfonía armoniosa. La interacción se convierte en tu esencia.

Te gusta dar y recibir, disfrutas del diálogo y la persuasión como un placer intelectual. Venus en Libra destaca tu habilidad para crear conexiones significativas, en las que el intercambio se convierte en una fuente de gozo y autoafirmación.

El sentido estético, el amor y la armonía tienen un valor supremo en tu mundo emocional. Venus en Libra te guía a apreciar la belleza en todas sus formas para cultivar un amor propio que se nutre de la estética, el afecto, la armonía interna y la creatividad artística.

Disfrutas de la comodidad y del bienestar, y buscas entornos y relaciones que ofrezcan un equilibrio armónico. Venus en Libra te invita a crear espacios que reflejen tu deseo de paz y bienestar para nutrir así tu amor propio.

Tu don de seducción se manifiesta desde la persuasión sutil y la sensualidad estética. Venus en Libra te dota de una gracia persuasiva que se expresa no solo a nivel intelectual, sino también a través de la belleza y la armonía en todas las áreas de tu vida.

Eres sensual en lo estético, lo intelectual y lo armónico. La sensualidad no se limita al ámbito físico, sino que se expande a través de la apreciación de la belleza, la conexión emocional y la armonía en cada experiencia. Venus en Libra te invita a encontrar placer en la sinfonía completa de la vida.

Venus en Libra en tu carta natal te invita a danzar en la sinfonía del autoamor relacional, a cultivar la belleza en cada interacción y a buscar la armonía en la comunión con tu esencia.

Punto de Venus en Libra para el amor propio

Luces: bajo la luz de tu Venus en Libra, descubres la magia de tu amor equilibrado y la habilidad de encontrar belleza en cada rincón de tu ser. Celebras tu capacidad para amar con armonía y la habilidad de tejer relaciones estéticamente gratificantes. Eres como una obra de arte maestra, llena de simetría y elegancia.

Sombras: la sombra de la indecisión puede emerger en ti. La necesidad constante de equilibrio puede a veces dificultar la toma de decisiones firmes en tus relaciones y contigo misma. El desafío radica en encontrar equilibrio sin perder tu autenticidad.

Prácticas diarias para conectar con tu Venus en Libra

- Abraza la magia de la estética y de la creatividad. Crea belleza a tu alrededor para permitir que la armonía visual se refleje en tu amor propio.

- Cultiva la autoaceptación diariamente. En tus interacciones contigo misma, permite que cada aspecto de tu ser contribuya a la belleza total, para así crear un espacio donde la armonía florezca.

- Mímate y date amor de una manera que celebre la elegancia y la armonía de tu ser. Recuérdate a ti misma que mereces ser amada con la misma gracia con la que amas.

Tips para relacionarte con una persona con Venus en Libra

- Los elogios son su lenguaje. Ofrece aprecio por su belleza interna y externa, y reconoce la armonía que aporta al mundo.

- Construye conexiones a través de experiencias culturales y artísticas. Comparte momentos que resalten la belleza en todas sus formas y crea recuerdos que reflejen la sofisticación y el entendimiento.
- Aprecia su búsqueda constante de equilibrio. Permítele expresar su amor a través de la armonía y la cooperación, para así construir una conexión que celebre la riqueza de la simetría y la comprensión.

 EJEMPLO

Mujer alineada con Venus en Libra: Lucía tiene Venus en Libra en su carta natal. Esto sugiere que es una persona amable, encantadora y centrada en la armonía en el amor. Lucía valora las relaciones equitativas y busca la paz y la belleza en sus conexiones. Disfruta de la estética, la elegancia y se esfuerza por mantener un equilibrio en sus relaciones.

Prácticas sugeridas para Lucía

- Busca conexiones que promuevan la armonía y el equilibrio, y evita conflictos innecesarios.
- Valora y cultiva la estética en las relaciones, ya sea a través de gestos románticos o disfrutando de experiencias estéticamente agradables juntos.
- Fomenta la comunicación abierta y justa. Es importante que tengas en cuenta necesidades y opiniones de ambas partes.

Mujer no alineada con Venus en Libra: Elena también tiene Venus en Libra en su carta natal, pero, debido a experiencias personales o patrones emocionales, puede no estar completamente alineada con las características típicas de este signo. A pesar de tener Venus en Libra, Elena podría tener dificultades para tomar decisiones equitativas o evitar conflictos por temor a perturbar la armonía.

Prácticas sugeridas para Elena

- Trabaja en desarrollar una mayor autonomía y tomar decisiones que beneficien tu propio bienestar, incluso si esto implica cierta tensión momentánea.
- Aprende a abordar conflictos de manera constructiva en lugar de evitarlos. Para ello, piensa que la resolución puede conducir a una armonía más genuina a largo plazo.
- Practica la expresión abierta de tus propias opiniones y necesidades, pues es algo fundamental para una relación saludable.

Estas prácticas pueden ayudar a Elena a alinearse más plenamente con las cualidades positivas de Venus en Libra y a superar posibles obstáculos emocionales.

VENUS EN ESCORPIO

La diosa del amor, Venus, que encuentra en Escorpio su reino de transformación, te inspira a amar con una pasión profunda y una conexión emocional sin igual. Eres la alquimista del amor y buscas conexiones que se sumerjan en las sombras para emerger más fuertes y renovadas. En este rincón celeste, el amor se convierte en una travesía oscura y apasionada.

Venus en Escorpio despliega la narrativa de tu amor propio, en la que la relación se convierte en un viaje de transformación y la intensidad es la clave de tu autoafirmación. Cultivas un amor propio basado en la pasión, la profundidad y la búsqueda constante de la autenticidad.

Con Venus en Escorpio, la relación se concibe como una travesía de transformación, yendo más allá de las apariencias superficiales. Tu amor propio florece en la capacidad de penetrar en las capas más profundas de tu ser y explorar la autenticidad en todas sus formas.

El amor se vive como pasión, con una intensidad que se mantiene constante. Venus en Escorpio guía tu conexión emocional. La penetración en las experiencias y la profundidad constante son las fuerzas que te impulsan y que te ayudan a sentir todo en profundidad.

Lo erótico se manifiesta como provocación, juegos de poder y la capacidad de jugar con fuego. Venus en Escorpio te sumerge en un mundo donde la sensualidad se entrelaza con la intensidad emocional y crea un terreno de autoafirmación a través del poder y la pasión.

Tienes un gusto por lo que repulsa y no es bien visto por la sociedad. Venus en Escorpio te impulsa a explorar los rincones oscuros de la experiencia humana para encontrar belleza y autenticidad en lo que a menudo se considera tabú.

Disfrutas de la catarsis de conectarte y vivir todas las emociones. Venus en Escorpio te invita a sumergirte en la experiencia total para fusionarte con la intensidad emocional y así vivir cada matiz de la vida.

Te sientes atraída por lo misterioso, por la profundidad y el poder. Buscas relaciones que despierten tu curiosidad y te lleven a explorar los límites emocionales.

Eres una seductora que pone a prueba y busca complicidades y altos voltajes. Venus en Escorpio guía tu forma magnética y apasionada de seducción y crea un terreno donde la intensidad emocional se convierte en el lienzo de autoafirmación.

En el amor, eres demandante, apasionada y siempre buscas más. Venus en Escorpio te impulsa a presionar los límites, a sumergirte en la pasión y a buscar constantemente una mayor profundidad en tus relaciones. La intensidad emocional se convierte en tu seña de autoafirmación.

A pesar de la intensidad, buscas fidelidad, duración y estabilidad en pareja. Venus en Escorpio te guía a través de la búsqueda de conexiones sólidas y duraderas, en las que la fidelidad y la estabilidad son fundamentales.

Venus en Escorpio en tu carta natal te invita a adentrarte en las profundidades de tu ser, a explorar la intensidad emocional y a vivir cada matiz de la vida.

Intenta que cada día sea un viaje apasionado hacia la autenticidad, donde tu amor propio florezca en la transformación constante de tu ser.

Punto de Venus en Escorpio para el amor propio

Luces: bajo la luz de tu Venus en Escorpio, descubres la magia de tu amor apasionado y la habilidad de enfrentar las profundidades de tu ser. Celebras tu capacidad para amar con intensidad y la habilidad de renacer de tus propias sombras. Eres como el ave fénix, que renace más fuerte de las cenizas del autodescubrimiento.

Sombras: la sombra del misterio puede emerger en ti. La necesidad de mantener secretos puede a veces dificultar la transparencia en tus relaciones contigo misma. El desafío radica en compartir tus verdades más oscuras sin temor al juicio.

Prácticas diarias para conectar con tu Venus en Escorpio

- Abraza la magia de tus emociones más profundas. Explora las capas de tu ser y permite que la pasión y la autenticidad fluyan. Acepta tu intensidad.

- Cultiva la autoaceptación diariamente. En tus interacciones contigo misma, permite que cada sombra contribuya a tu totalidad para crear un espacio donde la autenticidad florezca.

- Mímate y date amor de una manera que celebre la intensidad y la renovación de tu ser. Recuérdate a ti misma que mereces ser amada con la misma pasión con la que amas.

Tips para relacionarte con una persona con Venus en Escorpio

- La profundidad emocional es su lenguaje. Ofrece tu propia autenticidad y permítele explorar las capas más profundas de tu ser para así crear un espacio donde la conexión se fortalezca a través de la vulnerabilidad.

- Construye conexiones a través de experiencias transformadoras. Comparte momentos que desafíen y renueven, y crea recuerdos que reflejen la pasión y la resiliencia.

- Aprecia su intensidad y capacidad de renovación. Permítele expresar su amor a través de la profundidad y la transformación para así construir una conexión que celebre la riqueza de la autenticidad y el renacimiento.

Mujer alineada con Venus en Escorpio: Olivia tiene Venus en Escorpio en su carta natal. Esto sugiere que es una persona intensa, apasionada y profundamente comprometida en el amor. Olivia busca conexiones emocionales profundas y valora la lealtad y la autenticidad en sus relaciones. Disfruta explorando las dimensiones más profundas del amor y se siente atraída por la transformación y el crecimiento conjunto.

Prácticas sugeridas para Olivia

- Fomenta la exploración emocional profunda en tus relaciones y permite la vulnerabilidad y el crecimiento personal.
- Valora la lealtad y construye relaciones basadas en la confianza mutua, incluso cuando te enfrentes a desafíos.
- Abraza la posibilidad de transformación positiva a través del amor y permite que las relaciones evolucionen y crezcan con el tiempo.

Mujer no alineada con Venus en Escorpio: Carlota también tiene Venus en Escorpio en su carta natal, pero, debido a experiencias personales o patrones emocionales, puede no estar completamente alineada con las características típicas de este signo. A pesar de tener Venus en Escorpio, Carlota podría tener miedo a la vulnerabilidad emocional o lidiar con la desconfianza en sus relaciones.

Prácticas sugeridas para Carlota

- Trabaja en sentirte más cómoda siendo vulnerable y permítete compartir emociones profundas con tu pareja o amistades.
- Aborda cualquier patrón de desconfianza y trabaja en construir una base sólida de confianza en tus relaciones.

- Reconoce que el cambio y la transformación son inevitables en las relaciones y aprende a abrazarlos como oportunidades para el crecimiento.

Estas prácticas pueden ayudar a Carlota a alinearse más plenamente con las cualidades positivas de Venus en Escorpio y a superar posibles obstáculos emocionales.

VENUS EN SAGITARIO

La diosa del amor, Venus, que encuentra en Sagitario su territorio expansivo, te inspira a amar con optimismo y a vivir con una sed insaciable de experiencias. Eres la exploradora del amor, buscas conexiones que sean tan vastas como el horizonte sin fin. En este rincón celeste, el amor se convierte en un viaje lleno de risas y descubrimientos.

Venus en Sagitario despliega la narrativa de tu amor propio, donde la relación se convierte en una aventura expansiva y la búsqueda de horizontes amplios se presenta esencial para tu autoafirmación. Además, te ayuda a cultivar un amor propio basado en la expansión, el optimismo y la conexión con la sabiduría de la vida.

Con Venus en Sagitario, el disfrute de las cosas a lo grande se convierte en una filosofía de vida. El erotismo se manifiesta como una aventura constante, una exploración de horizontes nuevos que despiertan tu curiosidad y te nutren.

Te gusta lo extranjero y lo exótico. Venus en Sagitario guía tu amor por la diversidad y hace que busques experiencias que amplíen tus horizontes y te nutran a través de la conexión con lo desconocido.

Sientes una atracción por los maestros y la sabiduría. Venus en Sagitario destaca tu conexión con figuras inspiradoras y la búsqueda constante de conocimiento que enriquece tu ser.

El sentido del humor, el optimismo y la capacidad de sorprenderse son primordiales para ti. Venus en Sagitario te guía a través de la vida con una risa alegre, un espíritu optimista y la apertura a las sorpresas como elementos fundamentales de tu autoafirmación.

Aunque buscas profundidad, tu enfoque se orienta a entender la vida de manera no emocional. Venus en Sagitario te invita a explorar las profundidades de la existencia a través del conocimiento y la filosofía.

Seducir se convierte en un acto de optimismo a través de nuevas ideas y experiencias.

No te interesa alguien que no tiene nada que ofrecer o que es demasiado similar. Venus en Sagitario te impulsa a buscar la expansión a través de conexiones que aporten algo único y estimulante a tu vida.

Eres idealista y efusiva en el amor, aunque a veces sientes inclinación hacia los excesos. Venus en Sagitario guía tu búsqueda de conexiones significativas, pero al mismo tiempo te desafía a equilibrar la pasión con la moderación para una autoafirmación saludable.

Afrontas dificultades para establecer compromisos y lidiar con la rutina y la monotonía, ya que para ti es esencial la libertad, en todos los sentidos. Venus en Sagitario te impulsa a resistirte a las restricciones y te desafía a encontrar formas creativas de mantener la frescura en tus relaciones.

Venus en Sagitario en tu carta natal te invita a abrazar la aventura expansiva del amor propio, a buscar horizontes amplios y a nutrir tu autoafirmación a través del optimismo, la exploración constante y la conexión con la sabiduría de la vida. Procura que cada día sea una travesía inspiradora hacia la expansión, en la que tu amor propio florezca en la vastedad de tu ser.

Punto de Venus en Sagitario para el amor propio

Luces: bajo la luz de tu Venus en Sagitario, descubres la magia de tu amor aventurero y la habilidad de encontrar alegría en la expansión. Celebras tu capacidad para amar con optimismo y la habilidad de crecer a través de la exploración. Eres como un espíritu libre que baila con la brisa del amor propio.

Sombras: la sombra de la impaciencia puede emerger en ti. La necesidad constante de novedad puede a veces dificultar la estabilidad en tus relaciones contigo misma. El desafío radica en encontrar equilibrio para permitir que tu amor propio florezca mientras te embarcas en nuevas aventuras.

Prácticas diarias para conectar con tu Venus en Sagitario

• Abraza la magia de la exploración. Explora nuevas perspectivas diariamente y permite que la alegría y el crecimiento fluyan a través de la apertura mental.

- Cultiva la gratitud por la libertad. En tus interacciones contigo misma, permite que cada elección y experiencia contribuya a tu viaje para crear un espacio donde la expansión sea celebrada.

- Mímate y date amor de una manera que celebre la libertad y la exploración de tu ser. Recuérdate a ti misma que mereces ser amada con la misma alegría con la que amas.

Tips para relacionarte con una persona con Venus en Sagitario

- Que la acompañes en sus aventuras es su deseo. Abraza la libertad y síguela en la exploración. De este modo lograrás crear un espacio donde podáis crecer de manera conjunta a través de nuevas experiencias.

- Construye conexiones a través de risas y optimismo. Comparte momentos que celebren la alegría y la positividad y crea recuerdos que reflejen la expansión y la felicidad.

- Aprecia su espíritu libre y su deseo de crecimiento. Permítele expresar su amor a través de la libertad y la exploración, para así construir una conexión que celebre la riqueza de la independencia y la alegría.

 EJEMPLO

Mujer alineada con Venus en Sagitario: Sara tiene Venus en Sagitario en su carta natal. Esto sugiere que es una persona aventurera, optimista y libre en el amor. Sara disfruta de la expansión y la exploración en sus relaciones, valora la independencia y busca la conexión emocional a través de la conexión mental y espiritual. Tiene una actitud positiva y abierta hacia el amor y la vida.

Prácticas sugeridas para Sara

- Busca relaciones que ofrezcan aventuras y experiencias emocionantes. De esta forma se estimulará el crecimiento mutuo.
- Valora la independencia personal y permite que tu pareja también tenga espacio para crecer y explorar individualmente.
- Busca conexiones profundas a nivel espiritual y comparte valores y creencias que fortalezcan la conexión emocional.

Mujer no alineada con Venus en Sagitario: Sandra también tiene Venus en Sagitario en su carta natal, pero, debido a experiencias personales o patrones emocionales, puede no estar completamente alineada con las características típicas de este signo. A pesar de tener Venus en Sagitario, Sandra podría sentirse atrapada o insegura en su necesidad de expansión emocional.

Prácticas sugeridas para Sandra

- Trabaja en abrirte a nuevas perspectivas y experiencias emocionantes en el amor para superar posibles miedos a lo desconocido.
- Practica una comunicación abierta y honesta acerca de tus necesidades y deseos en la relación. Esto permitirá un entendimiento mutuo.
- Reconoce la importancia de la libertad emocional y permítete buscar conexiones que fomenten el crecimiento y la expansión.

Estas prácticas pueden ayudar a Sandra a alinearse más plenamente con las cualidades positivas de Venus en Sagitario y a superar posibles obstáculos emocionales.

VENUS EN CAPRICORNIO

La diosa del amor, Venus, que encuentra en Capricornio su terreno de construcción, te inspira a amar con responsabilidad y una visión a largo plazo. Eres la arquitecta del amor, buscas conexiones que se sostengan como estructuras sólidas en el tiempo. En este rincón celeste, el amor se convierte en una edificación de compromiso y logros compartidos.

Venus en Capricornio despliega la narrativa de tu amor propio, donde la relación se erige sobre cimientos firmes, la estabilidad y la construcción responsable son esenciales para tu autoafirmación. Además, te ayuda a cultivar un amor propio basado en la formalidad, la responsabilidad y la búsqueda de metas compartidas.

Con Venus en Capricornio, el gusto por la estabilidad, el compromiso y la formalidad se convierte en el pilar de tu vida afectiva. Tu amor propio florece en entornos donde la estructura, la lealtad y la formalidad son fundamentales.

Tienes un idealismo con expectativas que deben cumplirse. Venus en Capricornio guía tu búsqueda de la perfección contigo misma y en las relaciones, en las que cada elemento encaja según tus estándares elevados.

Prefieres una relación clásica y un sentido de unión convencional. Venus en Capricornio destaca tu aprecio por las formas tradicionales de conexión para buscar relaciones que se ajusten a las normas establecidas.

Te gusta compartir objetivos y tener metas con tu pareja. Venus en Capricornio guía tu vida afectiva hacia la construcción de un futuro conjunto, donde la planificación y la consecución de metas son esenciales para ti.

Tienes un estilo planificador y careces de sentido aventurero.

Venus en Capricornio te impulsa a abordar las relaciones con un enfoque metódico y pragmático con el fin de buscar la estabilidad en lugar de la emoción efímera.

Eres afectivamente reservada y poco afectiva, aunque eres responsable en tus compromisos. Venus en Capricornio guía tu expresión emocional hacia la reserva y la responsabilidad y crea un terreno de autoafirmación donde la seriedad se valora.

Venus en Capricornio en tu carta natal te invita a construir cimientos sólidos para tu amor propio, a buscar estabilidad y formalidad en tus relaciones y a encontrar autoafirmación en la responsabilidad compartida y el logro de metas conjuntas.

Intenta que cada día sea una construcción consciente hacia la realización afectiva, donde tu amor propio florezca en la solidez de tu ser.

Punto de Venus en Capricornio para el amor propio

Luces: bajo la luz de tu Venus en Capricornio, descubres la magia de tu amor responsable y la habilidad de construir desde una base sólida. Celebras tu capacidad para amar con determinación y la habilidad de alcanzar alturas insospechadas. Eres como un rascacielos que se eleva con gracia en el amor propio.

Sombras: la sombra del perfeccionismo puede emerger en ti. La necesidad constante de éxito a veces dificulta la aceptación de las imperfecciones en tus relaciones contigo misma. El desafío radica en encontrar equilibrio y en permitir que tu amor propio crezca sin la presión implacable del perfeccionismo.

Prácticas diarias para conectar con tu Venus en Capricornio

- Abraza la magia de establecer metas realistas. Cada día, trabaja hacia metas alcanzables para permitir que la construcción de tu amor propio se base en metas sostenibles. Tener una lista de logros puede ayudarte a ser consciente de todo lo que consigas.

- Cultiva la autodisciplina diariamente. En tus interacciones contigo misma permite que cada elección refleje tu compromiso con el crecimiento. De esta manera, crearás un espacio donde la determinación sea celebrada.

- Mímate y date amor de una manera que celebre la perseverancia y la solidez de tu ser. Recuérdate a ti misma que mereces ser amada con la misma determinación con la que amas.

Tips para relacionarte con una persona con Venus en Capricornio

- La estabilidad y el compromiso son su deseo. Ofrece una base sólida y comprométete a construir junto con ella un espacio donde podáis alcanzar vuestras metas en armonía.

- Construye conexiones a través de logros y metas conjuntas. Comparte momentos que celebren el crecimiento conjunto y crea recuerdos que reflejen el compromiso y el éxito común.

- Aprecia su ambición y determinación. Permítele expresar su amor a través del esfuerzo y el logro para así construir una conexión que celebre la riqueza de la perseverancia y la construcción conjunta.

EJEMPLO

Mujer alineada con Venus en Capricornio: Noelia tiene Venus en Capricornio en su carta natal. Esto sugiere que es una persona pragmática, ambiciosa y comprometida en el amor. Noelia valora la estabilidad y la construcción de relaciones sólidas a largo plazo. Tiende a ser responsable, leal y aprecia gestos de compromiso y dedicación. Su enfoque realista la ayuda a establecer bases fuertes en sus relaciones.

Prácticas sugeridas para Noelia

- Busca relaciones que compartan metas y ambiciones a largo plazo y que fomenten el crecimiento mutuo.
- Valora el tiempo y la inversión en las relaciones. Toma medidas prácticas para fortalecer la conexión emocional.
- Expresa el compromiso y la lealtad de manera consistente y construye una base sólida para la relación.

Mujer no alineada con Venus en Capricornio: Alba también tiene Venus en Capricornio en su carta natal, pero, debido a experiencias personales o patrones emocionales, puede no estar completamente alineada con las características típicas de este signo. A pesar de tener Venus en Capricornio, Alba podría sentirse abrumada por la presión del compromiso o podría tener dificultades para expresar sus emociones de manera abierta.

VENUS EN ACUARIO

La diosa del amor, Venus, que encuentra en Acuario su terreno vanguardista, te inspira a amar con libertad y una mentalidad abierta hacia las posibilidades. Eres la pionera del amor y buscas conexiones que trasciendan las convenciones. En este rincón celeste, el amor se convierte en un experimento creativo lleno de sorpresas.

Venus en Acuario despliega la narrativa de tu amor propio, donde la relación se teje con hilos de originalidad, desafío y la búsqueda constante de un amor diferente. Además, te ayuda a cultivar un amor propio basado en la independencia, la amistad y la creación de tu propio camino.

Con Venus en Acuario, la relación se concibe como diferente, cortante y sin seguridad afectiva. Tu amor propio florece en terrenos donde la singularidad y la independencia son esenciales, lo que desafía las convenciones tradicionales.

No tienes un ideal de pareja fijo. Venus en Acuario guía tu búsqueda de relaciones que desafíen las normas establecidas y te permite crear un amor propio fuera de los límites convencionales.

Te gusta una estética diferente, a la última y muy original. Venus en Acuario destaca tu aprecio por la singularidad y la originalidad en todas las formas de expresión, lo que nutre tu autoafirmación a través de la creatividad y la innovación.

A veces puedes interpretar que el otro te quita libertad y tiempo, por lo que buscas siempre tu propio camino. Venus en Acuario te impulsa a mantener tu independencia y a enfrentar dificultades para comprometerte si no hay espacio para tu búsqueda individual y la libertad personal.

Venus en Acuario guía tus relaciones hacia la base de la amistad y busca conexiones que se construyan sobre el respeto mutuo y la comprensión.

Asimismo te lleva a buscar la originalidad y la independencia en tus relaciones, y a proyectar en tu pareja la necesidad de ser diferente y desafiante.

Venus en Acuario en tu carta natal te invita a volar libremente con tu corazón, a buscar el amor propio en la originalidad y la independencia, y a desafiar las expectativas convencionales en cada conexión.

Procura que cada día sea una exploración audaz de tu ser, donde tu amor propio florezca en la autenticidad y la creación constante.

Punto de Venus en Acuario para el amor propio

Luces: bajo la luz de tu Venus en Acuario, descubres la magia de tu amor innovador y la habilidad de abrazar tu unicidad. Celebras tu capacidad para amar con libertad y la habilidad de romper barreras convencionales. Eres como una estela brillante en el cielo que ilumina tu amor propio con la originalidad de tu ser.

Sombras: la sombra de la desconexión emocional puede emerger en ti. La necesidad constante de independencia puede a veces dificultar la intimidad en tus relaciones contigo misma. El desafío radica en encontrar equilibrio y en permitir que tu amor propio florezca sin perder la conexión emocional.

Prácticas diarias para conectar con tu Venus en Acuario

- Abraza la magia de tu originalidad. Celebra cada día las características únicas que te definen para permitir que tu amor propio florezca con la autenticidad de tu ser.

- Cultiva la empatía diariamente. En tus interacciones contigo misma, permite que cada elección refleje tu conexión emocional con tu ser, lo que creará un espacio donde la originalidad y la empatía se entrelacen.

- Mímate y date amor de una manera que celebre la libertad y la autenticidad de tu ser. Recuérdate a ti misma que mereces ser amada con la misma originalidad con la que amas.

Tips para relacionarte con una persona con Venus en Acuario

- La libertad creativa es su deseo. Fomenta un espacio donde ambas partes podáis explorar y expresar vuestra creatividad, para así poder construir una conexión que celebre la innovación y la originalidad.

- Construye conexiones a través del intercambio de ideas y proyectos. Comparte momentos que alimenten la creatividad y la visión futurista para crear recuerdos que reflejen la conexión única que compartís.

- Aprecia su independencia y unicidad. Permítele expresar su amor a través de la libertad y la originalidad, para así poder construir una conexión que celebre la riqueza de la innovación y la autenticidad.

 EJEMPLO

Mujer alineada con Venus en Acuario: Claudia tiene Venus en Acuario en su carta natal. Esto sugiere que es una persona innovadora, independiente y orientada hacia la igualdad en el amor. Claudia valora la libertad y la originalidad en sus relaciones. Se siente atraída por conexiones mentales profundas y disfruta de compartir ideas vanguardistas con su pareja. Su enfoque en la igualdad y la justicia social puede influir positivamente en sus elecciones amorosas.

Prácticas sugeridas para Claudia

- Busca relaciones que estimulen tu mente a través de la exploración de ideas innovadoras y progresistas.

- Valora la igualdad y la justicia en las relaciones. Fomenta un espacio donde ambos miembros tengan voz y autonomía.
- Permite y celebra la individualidad, tanto propia como de tu pareja. De esta manera fomentarás un ambiente de respeto mutuo.

Mujer no alineada con Venus en Acuario: Rosa también tiene Venus en Acuario en su carta natal, pero, debido a experiencias personales o patrones emocionales, puede no estar completamente alineada con las características típicas de este signo. A pesar de tener Venus en Acuario, Rosa podría enfrentar desafíos para comprometerse emocionalmente o para conectar de manera íntima debido a una preocupación excesiva por la independencia.

Prácticas sugeridas para Rosa

- Trabaja en la exploración y aceptación de la intimidad emocional y sé consciente de que la independencia no excluye la conexión emocional profunda.
- Encuentra un equilibrio saludable entre la autonomía y la conexión íntima, de modo que haya espacio para ambas dimensiones en la relación.
- Sé consciente y aborda cualquier resistencia a reconocer y satisfacer las necesidades emocionales propias y de la pareja.

Estas prácticas pueden ayudar a Rosa a alinearse más plenamente con las cualidades positivas de Venus en Acuario y a superar posibles obstáculos emocionales.

VENUS EN PISCIS

La diosa del amor, Venus, que encuentra en Piscis su océano de ensueño, te inspira a amar con compasión y con una conexión espiritual única. Eres la soñadora del amor y buscas conexiones que fluyan como las olas del mar. En este rincón celeste, el amor se convierte en una danza etérea de almas entrelazadas.

Venus en Piscis despliega la narrativa de tu amor propio, donde la relación se sumerge en las mareas del alma, la entrega soñadora y la belleza hipnótica que encanta. Además, te ayuda a cultivar un amor propio basado en la idealización, la entrega emocional y la danza delicada entre los límites y el sacrificio.

Con Venus en Piscis, tu amor propio florece en la conexión con la esencia profunda de las cosas mientras tejes un vínculo con lo inexplicable y lo etéreo.

Idealizas sin criterios, lo que te lleva a enamorarte de cualquier ser. Venus en Piscis guía tu corazón hacia un amor sin límites ni condiciones, donde la capacidad de encontrar belleza en la diversidad se convierte en una forma única de autoafirmación.

Utilizas el disfraz y el fingimiento como formas de dejarte llevar. Venus en Piscis te invita a sumergirte en la danza de las emociones y te permite desdibujar las líneas de la realidad para nutrir tu amor propio a través de la entrega y la fluidez.

Disfrutas de desaparecer y de ceder en decisiones y voluntades. Venus en Piscis te guía hacia estados alterados de conciencia y permite que te sumerjas en la corriente emocional y que cedas el control. Tu creatividad es una habilidad innata que te permite expresar de una forma mágica y única.

Tu entrega es de tipo emocional, sin un trabajo real o materialización. Venus en Piscis te lleva a experimentar el amor a través de las emociones, a veces sacrificando la concreción y la materialización en el proceso.

Existe el peligro de entregarlo todo por una idea romántica, con dificultad para poner límites. Venus en Piscis te desafía a bailar en el equilibrio delicado entre la entrega sin reservas y la necesidad de establecer límites.

Puedes tener una tendencia a construir relaciones de salvador, desiguales y de sacrificio. Venus en Piscis guía tu amor hacia la capacidad de adaptarse a todo y crea la posibilidad de sacrificios en nombre de la conexión emocional.

Venus en Piscis en tu carta natal te invita a sumergirte en las mareas del alma, a explorar la belleza hipnótica y a abrazar la entrega soñadora como una expresión única de tu amor propio.

Intenta que cada día sea una danza delicada entre los límites y el sacrificio, donde tu amor propio florezca en las aguas profundas de la sensibilidad.

Punto de Venus en Piscis para el amor propio

Luces: bajo la luz de tu Venus en Piscis, descubres la magia de tu amor compasivo y la habilidad de fluir con las corrientes emocionales. Celebras tu capacidad para amar con sensibilidad y la habilidad de conectarte con el plano espiritual. Eres como una canción de cuna celestial que envuelve tu amor propio en las dulces melodías de tu ser. La creatividad es tu talento.

Sombras: la sombra de la idealización puede emerger en ti. La tendencia a perderse en los sueños puede a veces dificultar la aceptación de la realidad en tu relación contigo misma. El desafío radica en encontrar equilibrio para permitir que tu amor propio florezca sin perder la conexión con la realidad.

Prácticas diarias para conectar con tu Venus en Piscis

- Abraza la magia de explorar tu mundo interior. Cada día, sumérgete en tus emociones y pensamientos más profundos, y permite que la compasión y la autenticidad fluyan desde lo más hondo. Utiliza la creatividad: dibuja, escribe, canta, baila, medita, etcétera.

- Cultiva la gratitud espiritual diariamente. En tus interacciones contigo misma, permite que cada experiencia sea un recordatorio de la belleza del alma para crear un espacio donde la conexión espiritual florezca.

- Mímate y date amor de una manera que celebre la sensibilidad y la conexión espiritual de tu ser. Recuérdate a ti misma que mereces ser amada con la misma compasión con la que amas.

Tips para relacionarte con una persona con Venus en Piscis

- Navegar las emociones en compañía es su deseo. Crea un espacio donde ambas personas puedan explorar las profundidades emocionales para construir una conexión que celebre la sensibilidad y la compasión.

- Construye conexiones a través de momentos espirituales. Comparte experiencias que nutran la conexión con el plano espiritual y crea recuerdos que reflejen la belleza de las almas entrelazadas.

- Aprecia su sensibilidad y compasión. Permítele expresar su amor a través de la conexión espiritual con el fin de construir una unión que celebre la riqueza de la empatía y la dulzura del alma.

EJEMPLO

Mujer alineada con Venus en Piscis: Patricia tiene Venus en Piscis en su carta natal. Esto sugiere que es una persona compasiva, romántica y profundamente conectada con el lado espiritual del amor. Patricia valora la empatía y la conexión emocional en sus relaciones. Disfruta de los gestos románticos y se siente atraída por las experiencias que tocan su alma. Su enfoque intuitivo y compasivo contribuye a relaciones amorosas llenas de significado y sensibilidad.

Prácticas sugeridas para Patricia

- Busca relaciones que fomenten la conexión espiritual y la comprensión emocional profunda.
- Valora y expresa tu propia sensibilidad y compasión para poder crear un ambiente de aceptación y apoyo mutuo.
- Participa en gestos románticos creativos y significativos que alimentan la conexión emocional.

Mujer no alineada con Venus en Piscis: Paula también tiene Venus en Piscis en su carta natal, pero, debido a experiencias personales o patrones emocionales, puede no estar completamente alineada con las características típicas de este signo. A pesar de tener Venus en Piscis, Paula podría experimentar desafíos para establecer límites claros o podría sentirse abrumada por la intensidad emocional.

Prácticas sugeridas para Paula

- Trabaja en establecer límites saludables para proteger tu propia energía emocional y así mantener un equilibrio en las relaciones.
- Practica la expresión emocional de manera equilibrada y evita sentirte abrumada por las emociones intensas.
- Reconoce la importancia de la claridad y la comunicación abierta en las relaciones con el fin de evitar malentendidos emocionales.

Estas prácticas pueden ayudar a Paula a alinearse más plenamente con las cualidades positivas de Venus en Piscis y a superar posibles obstáculos emocionales.

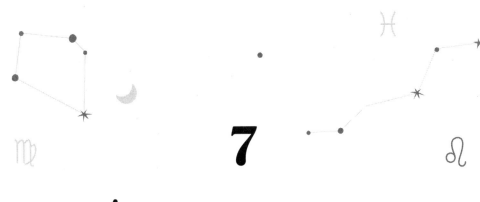

7

PRÁCTICAS Y RITUALES PARA TU DÍA A DÍA

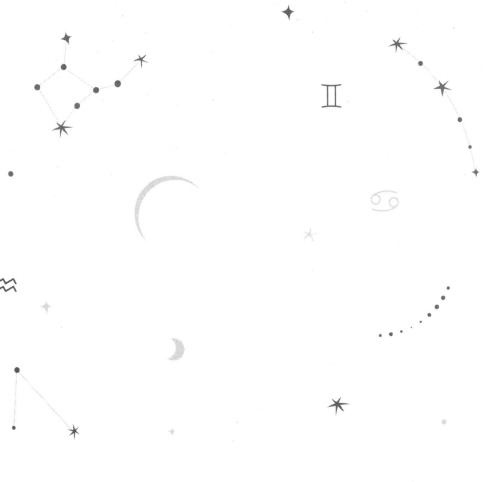

Explorar las influencias de la Luna y Venus es importante para entender la complejidad de nuestras emociones y relaciones. Sin embargo, es crucial que recuerdes que las descripciones proporcionadas son generalizaciones y que tu carta natal es única. Cada persona tiene sus propias energías planetarias y, por tanto, su interpretación completa requiere un análisis personalizado. Por este motivo, no puedo dejar de recomendar encarecidamente que consultes a un astrólogo para una exploración más detallada y precisa de tu propia carta natal. Es cierto que estas prácticas astrológicas proporcionan un punto de partida en el camino hacia el autoconocimiento y el entendimiento de las dinámicas amorosas, pero un astrólogo profesional puede ofrecerte una guía más específica y perspicaz.

Dicho esto, para terminar, me gustaría compartiros una serie de rituales para cada fase lunar y algunas prácticas para Venus.

Es importante cuidar nuestra energía.

¿Qué influencia tiene cada fase de la Luna en mí?

A medida que la Luna gira alrededor del Sol, esta ejerce una influencia en todos los seres. Dicho influjo se describe en cuatro fases: luna nueva, luna creciente, luna llena y, por último, luna menguante.

La luna nueva: la semilla

Cuando la Luna se encuentra en esta fase, es la ocasión adecuada para realizar meditación y planear todo el mes siguiente. Este momento es en el que sembramos nuestras intenciones y deseos. Algunas de las acciones que puedes llevar a cabo son las siguientes:

- Tener momentos para estar a solas.
- Reflexionar sobre tu vida y escribir en un papel tus deseos.
- Meditar o visualizar tus intenciones.
- Hacerte masajes y volver a tu cuerpo.
- Prender velas de noche para recordar la luz que no hay en el cielo.

La luna creciente: la estructura

Cuando la Luna se encuentra en esta fase, es el momento en el que despertamos para entrar en acción y para realizar todas las actividades que nos ayuden a lograr aquello que queremos. Todo lo que se hace en luna creciente multiplica su efecto. Es una buena fase para:

- Empezar una nueva disciplina.
- Hacer ejercicio físico y fortalecer tu cuerpo.
- Mover tu energía y entrar en acción. ¡Fuera la pereza!
- Salir a la naturaleza y llenarte de ella.
- Conquistarlo todo, pues los cinco sentidos están alborotados y nos sentimos muy sensuales.
- Ser cuidadosa con los pensamientos negativos, pues aquí se podrían multiplicar...

La luna llena: el florecimiento

Cuando la Luna se encuentra en esta fase, es un momento de expansión de nuestro ser, cuando la flor despliega su perfume y se siente plena y realizada porque está cumpliendo su misión. Es la fase de celebrar y expandir todas las acciones realizadas en la luna creciente, así que aquí debemos mantener nuestros esfuerzos. Esta fase es un buen momento para:

- Reunirte con las amigas y hacer círculos de mujeres.
- Celebrar la vida y las pequeñas conquistas.
- Continuar con la acción desde el magnetismo.

- Ser generosa, entregar lo mejor de ti a los demás y compartir.

- Ser romántica.

- Hacer rituales de magnetismo personal.

La luna menguante: la muerte

Esta última fase nos recuerda constantemente que no todo dura para siempre, que todo tiene su ciclo con su principio y su final. Este es el momento de soltar, cortar y dejar atrás. Esta fase es excelente para:

- Hacer *detox*.

- Cortarse el pelo.

- Limpiar la casa y tirar lo que no usamos.

- Darnos baños con hierbas amargas.

- Hacer terapia y realizar procesos de catarsis.

- Expresar de forma consciente nuestra rabia, mal humor y pensamientos negativos sin hacerle daño a nadie.

La Luna nos demuestra que la vida es cíclica, que nada dura para siempre y que cada 28 días comenzamos una nueva etapa, al igual que nuestra menstruación. Es por eso por lo que es importante aprender a realizar rituales semanales de acuerdo con la fase lunar para así poder aprovechar la energía que tiene disponible la Luna para entregarnos.

Venus retrógrada: resurgimiento del amor propio

Cuando Venus está retrógrada, el cosmos nos invita a explorar el amor propio y redescubrir la belleza interna. Aprovecha esta energía para una práctica que fortalezca tu conexión contigo misma. Encuentra un espacio tranquilo, enciende una vela rosa y siéntate cómodamente. Cierra los ojos y respira profundamente. Visualiza una luz rosada suave que envuelve tu corazón y que representará el amor propio. Con cada inhalación, deja que esta luz se expanda, disipando cualquier autocrítica. Al exhalar, libera las expectativas externas y abraza tu ser tal como eres. Permite que esta práctica te lleve a un espacio de amor incondicional hacia ti misma.

Prácticas cotidianas para conectar con Venus

- Dedica tiempo a un baño relajante con esencias florales y pétalos de rosas. Visualiza el amor y la belleza para llenar tu ser mientras te sumerges en las aguas.

- Crea un pequeño altar con elementos que representen la energía de Venus, como velas rosadas, cristales de cuarzo rosa y flores frescas. Este rincón te recordará la importancia del amor y la armonía en tu hogar.

- Cada día, tómate un momento para dar las gracias por las experiencias y personas que aportan amor y belleza a tu vida. Esto te conectará con la gratitud y amplificará la energía venusina.

- Sintoniza con la energía de Venus moviéndote al ritmo de tu música favorita. La danza libre te conecta con la sensualidad y el placer, y despertará la energía venusina en tu cuerpo.

- Escríbete una carta de amor a ti misma. Reconoce en ella tus cualidades, logros y la belleza única que posees. Esta práctica nutre la autoestima y la conexión con tu esencia venusina.

- Dedica tiempo a una actividad artística que te traiga alegría y placer. Pintura, escritura, música... Deja que tu creatividad florezca y te conecte con la expresión artística que es intrínseca a Venus.

- Pasa tiempo al aire libre, especialmente en lugares con flores y belleza natural. La conexión con la naturaleza refuerza la armonía venusina y te conecta con la serenidad.

- Utiliza aceites esenciales como la rosa, el jazmín o la lavanda para crear un ambiente lleno de fragancias armoniosas. Esto eleva la energía y estimula la conexión con Venus.

Integra estas prácticas en tu vida diaria para nutrir la energía venusina y fortalecer tus relaciones, tanto contigo misma como con el mundo que te rodea.

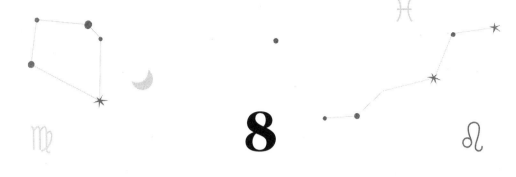

8

EL CAMINO DEL AMOR PROPIO A TRAVÉS DE VENUS Y LA LUNA

Si has llegado hasta aquí, significa que hemos recorrido juntas un trayecto lleno de reflexiones, conocimientos astrológicos y, sobre todo, autodescubrimiento. En este viaje te he contado mi historia, pero también hemos explorado juntas los secretos de Venus y la influencia sanadora de la Luna en nuestro camino hacia el amor propio y la autoestima.

La conexión especial con mi Luna en Cáncer me llevó a sobreproteger y a buscar seguridad emocional, a menudo olvidándome de atender mis propias emociones. Las mudanzas, los amores a distancia y las luchas con mi relación con el cuerpo marcaron etapas oscuras en mi vida. Pero, como en todo camino, siempre hay un momento de transformación.

La astrología se cruzó en mi camino como un faro en la oscuridad. A través de la interpretación de mi carta natal, descubrí herramientas poderosas para comprenderme, aceptarme y, finalmente, quererme. Han sido muchos años y aún hoy en día tengo mis momentos. Pero me permito ser. Ahora, te invito a reflexionar sobre tu propio viaje:

- ¿Quién eres tú en este momento?
- ¿Qué te da paz y qué te da miedo?
- ¿Qué es lo que más valoras de ti misma?

Estas preguntas son clave para tu proceso de autodescubrimiento. En este libro he compartido contigo no solo conocimientos astrológicos, sino también mi experiencia para que encuentres resonancia en tu propio viaje.

Este libro es una guía, pero eres tú quien camina. Aunque Venus y la Luna te han acompañado en estas páginas, ahora te toca a ti continuar el viaje. El amor propio es un camino de por vida, lleno de oportunidades de aprendizaje y desarrollo personal.

Te propongo una última práctica para digerir y consolidar todo lo que has aprendido a lo largo del libro:

Práctica de reflexión y amor propio:

- Imagino que en este momento ya tendrás tu carta natal. Observa las posiciones de Venus y la Luna para comprender mejor sus influencias en tu vida. Y si lo crees necesario, pide a un astrólogo profesional que haga la interpretación de tu carta.
- Dedica tiempo cada día a escribir en un diario sobre tus experiencias, emociones y descubrimientos. Registra cómo te sientes en relación con el amor propio y cómo evolucionan tus percepciones.
- Diseña rituales diarios o semanales que te conecten contigo misma. Puede ser un baño relajante, una caminata consciente o cualquier actividad que te nutra emocionalmente. Haz cosas que te den placer.

- Cada mañana pronuncia afirmaciones positivas frente al espejo. Hazlo con convicción para, así, reconocer tu valía y aceptarte tal como eres.

Recuerda que este camino es tuyo y que cada paso que das te acerca más al amor propio y a la autoestima.

¡Que las estrellas te guíen y que este libro sea una herramienta valiosa en este camino tan maravilloso!

AGRADECIMIENTOS

No puedo no comenzar estos agradecimientos sin mencionar la invaluable contribución a este proyecto de Cristina y Berta, mis editoras. Gracias por vuestra dedicación incansable, por creer en mi visión y por convertir este sueño en realidad. Vuestro trabajo como editoras ha sido fundamental para darle forma y pulir cada palabra de este libro, por lo que estoy profundamente agradecida por vuestro apoyo y profesionalidad.

A mi familia, mi roca inquebrantable, le debo un agradecimiento especial. Gracias por respaldar mis impulsos creativos y por estar a mi lado en cada paso del camino. En particular, quiero expresar mi gratitud a mi querido Héctor. Tu amor incondicional y apoyo constante son la chispa que ilumina mi sendero. Cada día me enseñas a quererme y valorarme más, y no puedo imaginar este viaje sin ti a mi lado.

A mis amistades, compañeras de este viaje de constante evolución, les agradezco desde lo más profundo de mi ser. Su amistad y complicidad han sido un faro de luz en los momentos oscuros y un eco de alegría en los momentos felices. Gracias por ser testigos y cómplices de mi crecimiento.

No puedo concluir estos agradecimientos sin reconocer a la maravillosa comunidad que me rodea. Su fiel amor y apoyo constante han sido un motor inspirador para este proyecto. Gracias por estar ahí, por compartir vuestras experiencias, por alentarme a aprender y por ayudarme a que este proyecto crezca y florezca. Vuestra contribución no solo ha enriquecido estas páginas, sino que ha creado un tejido de conexión y solidaridad que alimenta mi alma. Estoy agradecida por cada una de vosotras y espero que sigamos creciendo juntas en este maravilloso viaje.

Finalmente, quiero darme las gracias a mí misma por confiar, por intentar valorarme cada día, por verme con amor y por querer siempre más en este camino de autodescubrimiento. Este viaje hacia el amor propio no habría sido posible sin mi compromiso personal. Aceptarme, aprender de mis errores y celebrar mis logros ha sido un proceso transformador. Gracias por creer en mí y por permitirme ser la autora de mi propia historia.